杜定友撰

校讎新義

中華書局印行

自敘

敘曰上古結繩而治書契蔑然周室而還墳典略備歷代官守學業不出六藝之門故劉向部次先敘六藝而及諸子將以辨章學術考鏡源流是爲目錄之始漢志刪繁就簡去輯略而存其六今略亡而志存後學猶可窺其端倪其後魏氏代漢祕書荀勗因中經更著新簿分爲四部大凡二萬九千九百四十五卷惠懷之亂靡有孑遺宋元嘉八年謝靈運造四部目錄元徽元年秘書丞王儉既造目錄又撰七志合道佛爲九條梁有任昉殷鈞四部目錄又文德殿目錄普通中阮孝緒沉靜寡慾篤好文雅博采宋齊以來王公之家凡有書記參校官簿自爲七錄隋開皇三年秘書監牛弘表請分遣使人搜訪異本經籍漸備唐長孫無忌有隋書經籍志大凡五萬六千八百八十一卷爲漢志後之巨著其後有舊唐書經籍志新唐書藝文志宋史藝文志崇文總目元史藝文志明史藝文志及焦竑國史經籍志至清之四庫總目集圖書之大成天祿琳瑯極版目之大觀官家目錄無代蔑有至私家撰述其最著者有尤袤遂初堂書目陳振孫直齋書錄解題祁承爜澹生堂書目黃虞稷千頃堂書目朱彝尊竹垞行笈書目瞿鏞鐵琴銅劍樓書目陸心源皕宋樓藏書志孫星衍孫氏祠堂書目范氏天一閣書目近人葉

德輝有觀古堂書目連篇累牘更僕難數第校讐之司未聞其法故鄭樵撰通志闢校讐略以論部次之得失意至善也惟于班氏之論過爲貶駁有失古人之心明焦竑撰國史經籍志糾繆一卷亦多所論列清儒章學誠乃折衷諸家作校讐通義究其源委勒成一家然仍不免于門戶之見是非得失未能釐別況我國學術向病龐雜目錄之學亦復患此近來歐化東漸圖書之學成爲專門取其成法融會而貫通之亦我國言校讐者之責也竊本夫子述而不作之旨成校讐新義十卷世之達者幸董正之

校讐新義目錄

經部第三

校讐第十　一二一

右卷十

校讎新義卷一

南海杜定友撰

類例第一

類例之要論一之一

自來部次圖書首重類例類例者猶今之分類也良以圖書典籍浩如煙海非部次州居無以見其統系鄭樵曰學之不專者爲書之不明也書之不明者爲類例之不分也有專門之書則有專門之學有專門之學則有世守之能人能其學學守其書書守其類人有存沒而學不息世有變故而書不亡以今之書校古之書百無一存其故何哉士卒之亡者由部伍之法不明也書籍之亡者由類例之法不分也類例分則百家九流各有條理雖亡而不能亡也（通志校讎略編次必謹類例論）又曰七略者所以分書之次即七略不可以明書欲明天者在於明推步欲明地者在於明遠邇欲明書者在於明類例噫類例不明圖書失紀有自來矣（同上）類例之要可以知之矣書亡未必盡亡於類例之不分而多亡於管理之失職惟類例不分彼出此入不亡而亡矣

雖然類例之法豈易言哉章學誠曰校讎之義蓋自劉向父子部次條別將以辨章學術考鏡源流非深明於道術精微羣言得失之故者不足與此後世部次甲乙紀錄經史者代有其人而求能推闡大義條別學術異同使人由委溯源以想見於墳典之初者千百之中不十一焉

校讎通義敍

夫學之分類人能言之書之分類未易言也數千年來有爲學之人而無治書之學學之不專自無世守之能欲求明於類例者豈易得哉

學術之分類與書籍之分類不同觀六藝略可知也六藝之名肇於周代卿大夫設六藝以教萬民有五禮之義六樂之歌五射之法五御之節六書之品九數之計（周禮地官司徒）而劉略一變而爲易書詩禮樂春秋夫劉氏去古未遠而六藝之名已不復舊觀此學與書之不同也非深明類例之義者不足奏此惜後世目錄學者昧於學術源流之語（見學術源流論一之二）書與學之別又不辨矣

古之言類例者於辨章學術三致意焉而於圖書之應用未嘗及也夫古之藏書重於典守今之藏書重於致用勢所然也類例不分則圖書散亂圖書散亂則無以致用故今之分類所以

求圖書之便於應用而已言經者於經部求之言史者於史部求之條分縷析類屬維繫然後學者可以卽類求書卽書究學是故類例之法於學者之應用尤重要焉

圖書之不分類者猶藥石寒熱之不分也以寒熱不分之藥石治病以類例不明之部別治書其不失者幾希矣

學術源流論一之二

劉向部次所以辨章學術考鏡源流使人由委溯源以見墳典之初故鄭樵曰類例既分學術自明以其先後本末具在觀圖譜者可以知圖譜之所始觀名數者可以知名數之相承讖緯之學盛於東都音韻之書傳於江左傳注起於漢魏義疏成於隋唐觀其書可以知其學之源流或舊無其書而有其學者是爲新出之學非古道也（校讎略編次必謹類例論）

章學誠曰自劉班而後藝文著錄僅知甲乙部次用備稽檢而已鄭樵氏興始爲辨章學術考鏡源流於是特著校讎之略雖其說不能盡當要爲略見大意爲著錄家所不可廢矣樵志以後史家積習相沿舛訛雜出著錄之書校樵以前其失更甚此則無人繼起爲之申明家學之咎也（校讎通義十二之一）是故言目錄學者無不首重學術源流竊以爲言之過甚也

書與學之不同間嘗論之矣夫世無包羅萬狀之學而有六通四辟之書是書與學之不得不分也學之源流可得而考也書之源流雖可得而考之然非類例之責書目之事耳（見書目第八）類例之法重在辨章學術部次甲乙使圖書典籍按類而歸以見學術之範圍各科之關係考鏡源流猶其餘事

章主六經皆史之說百家九流出於王官則天下之學惟史而已尚有類例之可言哉學術派別至今日而益繁百家之言紛然雜陳統屬不明者有之獨樹一幟者有之龐雜不經者有之指東言西者有之若必一一考其源流其不至強牽附會妄陳臆說者未之有也劉錄詩賦因卷帙浩繁故離經而別自為略則雖有源流亦不復能溯其委矣

夫類例之法所以部署圖書便取用也非以為圖書之疇範也有其書必有其類若於學術源流有不相統承者亦不可忽編目之法尤須統括羣書部勒整齊若斤斤於源流之故則其書之特出者無流可溯者將何之乎

我國學術以儒為宗儒家尚經經羅萬有故其後雖有家法而世不能守儒所習者博音樂家不研音律而儒家習之算學家不治天算而儒者習之故古之學者於學無所不通於書無所

不讀讀書人士可得而數焉戰國之世百家朋興而學術門類究屬有限以古之書校今之書百不一焉故其門戶流別可得而考也古目錄之學以考鏡源流爲本原未可厚非但處今之世中西學術錯綜雜亂圖書出版日以千計學術門類日趨而愈專閱覽圖書者但求適其所學他非所問類例之法重於以內容相同之書聚於一處以便於專科學者之探討至於全體學術之源流非專科學者所問也今之目錄學者猶斤斤於學術源流之說誠不通之論也

我國目錄之學勝於考鏡源流而亦誤於考鏡源流如讖緯之書所以證經也當以各經相參閱而隋志統附於六經之下以備異說（隋志述讖緯之源流興廢）以爲讖緯後出故殿於末學術源流當如是也但考其目河圖洛書易也尚書中候書也春秋災異春秋也禮記默房禮也孝經勾命決孝經也論語讖論語也類例之法豈若是哉是誤於考鏡源流之說也夫部次圖書既求致用則易者求易書者求書欲求易之流別當求之易欲求書之流別當求之書若其書晚出其學不同必以爲正本清源不與正經附麗者適亂其例耳

源流之說非不可考也但於類例當別爲二事既欲辨章學術又欲考鏡源流於古代學術尠少圖書希寥之時尚或可言然今之類例但求學術系統之明瞭門類範圍之該括可也

夫類例者所以類書也不能以書類類若必以學術源流爲類則別流之書將無以歸非其類而入之自無倫次考劉略班志源流之說至子而窮虛理事實爲不同科天文不可以通於房中詩賦不可以通於農事神仙不可以通於諸子學校不可以通於小學必也各有其類各本其流天下之大學術之廣不能一之也古今文自漢立十四博士劉歆僞做古文書今文家以易施孟梁丘書歐陽大小夏侯詩齊魯韓諸家爲編目之首古文家則以黃氏易左氏傳毛氏詩於是紛爭不已若以論學自當如是但以圖書館藏書則一家有一家之學卽有一家之書有一家之書卽有一家之類固無褒貶輕重於其間也

或曰目錄之學非徒部次甲乙而已也亦將有以導學者乎姚曰七略總括羣書故爲學術之門（漢書藝文志姚氏學）曰是書目之職耳非目錄之務也若必欲挫危扶正當出於收書之愼選擇之精若既收其書又貶其目無是理也書目與目錄之判當別具論

類例條別論一之三

類例條別有辨體辨義之分體者書之體裁也義者書之內容也劉略班志著錄部次將以折衷六藝宣明大道於義爲近然既崇儒於六藝何復夷其弟子而儕於十家於義未能一貫小

學字書齊於六藝亦無所取義黃帝五家曆與五星宿紀同列數術則體例又不分也漢志不列史部職官故事章程法度之書不入六藝卽次諸子故多牽附混雜隋志部次更無倫次至清之四庫體義之別更無人問矣

漢志以六弢有孔子問焉卽入儒家實兵書也班氏以人爲部是未能辨其義也樵譏班志司馬法入禮出兵焦竑謂宜入兵章謂其未見班固自注實則入兵宜也蓋司馬法爲軍禮禮其體也兵其義也類例條別例當從義

隋志史部有高僧傳名僧傳是亦囿於體也不知釋道旣有專類自當從類不能因傳字而入傳記然則馬經茶經亦將入經部乎

河出圖天地有自然之象圖譜之學由此而興洛出書天地有自然之文書籍之學由此而出圖成經書成緯一經一緯錯綜而成文古之學者左圖右書不可偏廢劉氏作七略收書不收圖班固卽其書爲藝文志自此而還圖譜日亡書籍日冗所以困後學而隳良材者皆由於此何哉卽圖而求易卽書而求難舍易從難成功者少（通志總序）故通志有圖譜略王儉有圖譜志其後隋志有譜系四庫有譜錄是又體義之不分也鄭樵旣知圖成經書成緯則自當左右參閱

同隸一門歸附原類但既立藝文圖譜二略則地動圖瑞應翎毛圖忠烈圖俱入藝文又何說耶其牴牾矛盾之處可以見也阮孝緒謂王氏圖譜一志劉略所無劉氏數術中雖有曆譜與今譜有異竊以圖譜之編宜從其義遂其書所部分別歸附可也若隋志以竹譜錢譜與世本帝譜同隸不通之甚也七略兵家有圖四十三卷與書參焉故可知兵鄭樵以圖譜另爲一略非也

近世圖譜之多倍於昔者因其裝釘大小不同而分別貯藏可也於分類無與焉

昔董仲舒對賢良策表章六藝罷黜百家漢武帝別黑白而定一尊莊子天下篇首重儒墨老三家論學固當如是否則精粗不分源流不別不可以爲學也然類例之法則不宜存褒貶於其間有其書當有其目有其目當有其類若其書爲不當有則去之可也存目之謂何哉此古人目錄學者着眼之誤又迷於學術源流之說故目錄編次益覺淩亂類例條別毫無標準四庫傳記有聖賢名人總錄雜錄聖賢非名人乎何所指耶

荀勗新簿以汲冢書晚出而附於集末則晚出之書當不祇此將均附於集後乎阮錄以兵書既少不足別錄故附於子末則類不同者亦可附麗耶是不知類例條別之道也古之言類例

者未嘗離書而立類蓋其職司典守奉命編次故一代有一代之書一代有一代之目編目既竣厥職乃盡未嘗以編目爲世守之職未嘗以類例爲專門之學也類例條別惟以既有之書爲依歸未嘗爲後世法也故唐志天文類有星書而無日月風雲氣候之書崇文總目有風雲氣候之書而無日月之書四庫書目以星禽洞徵入於天文而無日月風雲之書是皆不明類例爲專門之學條別爲世守之則

我國藏書代有損益故圖書館閣未能一脈永承是亦由於類例編目之則向無定法一代有一代之書一代有一代之則未嘗前後相繼致使後之學者不能卽類求書故鄭樵慨然曰噫類例不明圖書失紀有自來矣見前

是故今之言類例者離書而立類因類而求書書有古有今無者有古無今有者有闕書備於後世者有亡書出於民間者故類例之法不能以現有之書爲準此其一也學術之道進化無窮有其學必有其書有其事必有其記故類例之法不獨總括羣書抑亦總括羣學此其二也近代藏書兼收外籍翻譯之書汗牛充棟自印刷術精出版日盛故類例之法非獨部類中文猶需兼及西學此其三也現代之分類爲搜羅一切文獻分別部次以備選用辨章流別襃貶

校讎均非其責此其四也學術源流各自可考書籍龐雜一任作者之意故類例之法不可不以書之內容爲據就已有之書以測未來之書就已有之類以備未來之類門類多少因時而定不能固其範圍止其流別此其五也凡茲五者古之目錄學家未嘗言及此古今目錄學之不同不能指甲爲乙也今之言類例者輒尙囿於古之類例抑亦傻矣

類例條別有體有義前既言之矣然體義之外有可得而言者章學誠曰形而上者謂之道形而下者謂之器善法具舉本末兼該部次相從有倫有脊使求書者可以即器而明道會偏而得全則任宏之校兵書李國柱之校方技庶幾近之其他四略未能稱是故劉略班志不免貽人以口實也夫兵書略中孫吳諸書與方技略中內外諸經即諸子略中一家之言所謂形而上之道也兵書略中形勢陰陽技巧三條與方技略中經方房中神仙三條皆著法術名數所謂形而下之器也任李二家部次先後體用分明能使不知其學者觀其部錄亦可瞭然而窺其統要此專官守書之明效也（校讎通義十之四）然謂陰陽著龜雜占三條當附易經五行當附尙書（又十之五）則又道器合一而自亂其例矣夫部次條別當各守其例有以時次者史部是也有以地次者地理是也有以人次者別集是也有以理次者諸子是也有以義次者六藝是也有以名

次者本草是也各類有各類之例故部類貴有標準而各類標準一而不能二也否則天文有史入史可乎地理有史入史可乎四部類例之亂當另詳之（見四部第二經部第三史部第四子部第五集部第六）

部居次第論一之四

目錄之學肇自劉歆歆總括天下羣書而奏其七略曰輯略曰六藝曰諸子曰詩賦曰兵書曰術數曰方技班固倣歆之例而去其輯略自班而後代有變更王儉有七志阮氏有七錄許善心亦有七林無所異同至荀勗始分爲四部一甲紀六藝小學二乙紀諸子兵書術數三景紀史記之屬四丁紀詩賦圖讚汲冢書李充改爲經史子集自是而唐而宋而元而明至清之四庫無有變也李充改子爲丙未見其詳元史藝文志曰荀勗撰中經簿始分甲乙丙丁四部而子猶先於史至李充爲著作郎重分四部五經爲甲部史記爲乙部諸子爲丙部詩賦爲丁部而經史子集之次始定部居次第本無所據世相祖述曲爲之說耳

從來目錄部次以辨章學術考鏡源流爲標的部居次第亦惟此是從漢志叙論曰昔仲尼沒而微言絕七十子喪而大義乖故春秋分爲五詩分爲四易有數家之傳易敍論曰漢興田和傳之訖於宣元有施孟梁丘京氏列於學官而民間有費高二家之說劉向以中古文易經校

施孟梁丘經或脫去無咎悔亡唯費氏經與古文同隋志繼班之後尤稱巨著但云今考見存分爲四部合條爲一萬四千四百六十六部有八萬九千六百六十六卷其舊錄所取文義淺俗無益教理者並刪去之其舊錄所遺辭義可采有所弘益者咸附入之遠覽馬史班書近觀王阮志錄挹其風流體制削其浮雜鄙俚離其疏遠合其近密約文緒義凡五十五篇各列本條之下以備經籍志（隋書經籍志卷一）五十五條統論各部源流而於部居次第無多述焉

校讎之術鄭樵最精所撰通志藝文略凡十二類於部居次第之意亦未及詳但云類例既分學術自明以其先後本末具在（校讎略編次必謹類例論）後之言校讎者以章學誠爲最詳章之言曰四部之中附以辨章流別之義以見文字之必有源委而鄭樵顧刪去崇文敘錄乃使觀者如閱甲乙簿注而更不識其討論流別之義焉烏乎可哉（校讎通義二之八）又曰自班固併省部次而後人不復知有家法乃始以著錄之業專爲甲乙部次之需爾（又三之二）又曰漢志最重學術源流似有得於太史敘傳及莊周天下篇荀卿非十子之意此敘述著錄所以有關於明道之要而非後世僅計部目者之所及也（又十之三）又曰自劉班而後藝文著錄僅知甲乙部次用備稽檢而已此可謂簿記守成法而不可爲校讎家議著作也（又十二之一）又曰藝文一志實爲學術之宗明道之要

而列傳之與表裏發明此則用史翼經之明驗也而後人著錄乃用之爲甲乙計數而已矣則校讎失職之故也（又十三之三）

章氏宗劉故爲是說要亦誤於學術源流之意不知圖書部次首重甲乙古者學術未昌印刷未明故圖書寥寥易十三家書十五種書九家書十一種詩六家書十五種禮十三家書十三種樂六家書六種（見漢志）古之學者書無不讀學無不通故目錄之學別其流次以便於學意至善也然爲今之學倍於隋唐典守之書中西兼該學術源流雖亦可考而書籍繁夥部次不得不明非甲乙簿計不足以統繫之也此其誤一古之目錄其部次見於目而不見於書書之陳列未嘗因目而定也故卽目不可以求書覩書而不知其類今之目錄其類有次其書有號故甲經乙史可按圖而索驥因號而得書簿記之效有如此者此其誤二目錄之用首在檢查若無甲乙部次何以備稽核上古書契寥寥故可沿流而下無用稽翻甲乙部次自不爲重今則圖書充棟學者唯一類一書是求未必覽其全部故部居次第必重甲乙此古今爲學之不同也此其誤三章氏之言豈足信哉

目錄簿記始自荀勗隋志稱魏秘書郎鄭默始制中經秘書監荀勗又因中經更著新簿分爲

四部總括羣書一曰甲部紀六藝及小學等書二曰乙部有古諸子家近世子家兵書兵家術數三曰景部有史記舊事皇覽簿雜事四曰丁部有詩賦圖讚汲冢書甲乙景丁所以記次第也甲乙之外另有類名故隋志有充總沒群篇之名但以甲乙爲次之語此爲我國目錄學史中初定部居次第之舉惜部與類未能一貫故荀勗既別史書於春秋復合汲冢書圖讚於丁部爲不澈底

夫部居次第貴有條理甲經乙史不容雜亂但僅記甲乙已爲無識者所笑則甲乙而外更無進而求其次者類例之法至此而窮惜哉必也各類有屬各屬有次以經爲甲則易爲甲一以史爲乙則正史爲乙一易之一不可以通於史之一易更爲古易石經章句傳注（見通志藝文略）則古易爲甲一之一石經爲甲一之二章句爲甲一之三易傳爲甲一之四易注爲甲一之五於是圖書部次亦有號焉古易之易爲甲一之一石經之易爲甲一之二甲一之一不可後於甲一之二甲一之二不可前於甲一之一然後各書可以以類相從學者可以即類求書即書究學簿記之法豈不善哉

古人不知簿記之法故類例之前必有叙論樵刪崇文序論學誠譏之不知經入經類何必更

言經史入史類何必更言史但隋其凡目則其書自顯校讐略泛釋無義論此語最爲知本但祇及論釋未及部次耳古之部類爲數甚少故可敘論今之分類門目以千萬計亦將一一爲之敘論乎非甲乙其次何以統系之乎此古人所未及知之者也

古之藏書重在典守目錄之學重於傳習故部居次第重流別而輕甲乙勢也今之藏書重在致用目錄之編備於稽檢故重甲乙而輕流別亦勢也古人部次在既有書之後今人立類在成一系統以括已有未有之書此古今觀點之不同豈可以今人而復古哉

類例凡目論一之五

漢書藝文志曰成帝時以書頗散亡使謁者陳農求遺書於天下詔光祿大夫劉向校經傳諸子詩賦步兵校尉任宏校兵書太史令尹咸校數術侍醫李國柱校方技每一書已向輒條其篇目撮其指意錄而奏之會向卒哀帝復使向子侍中奉車都尉歆卒父業歆於是總羣書而奏其七略故有輯略有六藝略有諸子略有詩賦略有兵書略有術數略有方技略今刪其要以備篇籍輯略顏師古曰輯與集同謂諸書之總要也六藝略凡目九曰易書詩禮樂春秋論語孝經小學諸子略凡目十有儒家道家陰陽家法家名家墨家縱橫家雜家墨家小說家詩

賦略凡目三有賦雜賦歌詩兵書略凡目四有權謀形勢陰陽技巧數術略凡目五有天文曆譜五行著龜雜占方技略凡目四有醫經經方房中神僊

魏氏代漢秘書郎鄭默始制中經晉咸寧秘書監荀勗因中經更著新簿分爲四部曰甲乙景丁（細目見前）謝靈運王亮之四部因之任昉又加術數而爲五部宋元徽元年秘書丞王儉編元徽四部目錄又撰七志一曰經典志紀六藝小學史記雜傳二曰諸子志紀今古諸子三曰文翰志紀詩賦四曰軍書志紀兵書五曰陰陽志紀陰陽圖緯六曰術藝志紀方技七曰圖譜志紀地域及圖書其道佛附見合爲九條

普通中處士阮孝緒篤好墳史撰有七錄一曰經典錄紀六藝二曰紀傳錄紀史傳三曰子兵錄紀子書兵書四曰文集錄紀詩賦五曰技術錄紀數術六曰佛錄七曰道錄

開皇十七年許善心倣七錄而撰七林各爲總敘冠於篇首又於部錄之下明作者之意區分其類例焉（隋書卷五十八許善心傳）

自唐訖淸圖書著錄無不囿於四部李充而後經史子集無有變者鄭樵藝文略爲類十二經類第一禮類第二樂類第三小學類第四史類第五諸子類第六星數類第七五行類第八藝

術類第九醫方類第十類書類第十一文類第十二張文襄書目答問以叢書類無類可類謂叢書最便學者爲其一部之中可該羣籍蒐殘存佚爲功尤鉅欲多讀古書非買叢書不可其中經史子集皆有勢難隸於四部故別爲類（張之洞書目答問）而爲五部孫星衍孫氏祠堂書目及廉石居藏書記分經學小學諸子天文地理醫律史學金石類書詞賦書畫小說十二門繆荃孫藝風藏書記分經學小學諸子地理史學類書詩文藝術小說九門

綜觀我國類例凡目七六四五九十二而已而七略之七未聞其說漢志去輯略而存其六荀勗甲乙原爲簿記故隋志有東屋藏甲乙西屋藏景丁之語非類例之數也後世誤認爲四部相沿千餘年而不變任昉加術數文襄加叢書而成五部王儉以漢志祇有六略故加圖譜一志亦全七限惟以道佛附後實爲九條既爲九而必謂之七宗古之念抑亦可笑阮孝緒知其然故合道佛內外爲七錄亦不逃宗劉之意隋志四部之後另附道經佛經合之爲六既爲六而必謂之四何也鄭樵志藝文類凡十二豈以十二野者所以分天之綱乎祠堂書目分十二類以應周歲之數故類例門目之數除因循守古之外無他義焉

夫類例門目之多寡必以部居次第典守順序爲關係今之言分類者未嘗隨意指定不相統

系也蓋學與書之分類不同學有一元二元多元之分源委流別可得而考也而書羅萬有變化無已若必因學術之一元二元多元而亦分為一元二元多元者則分類之法當無從下手矣所謂門類多寡與部居次第為關係者如以甲乙為次則總目至癸而止如以一二為次則漫無限制未有不陷於淆亂者近人有以十進為分類者非以圖書之數祇能分為十也蓋以十進之法便於推算十進為百百進為千千進為萬以至於無窮也亦有以二十六為門類者非以圖書之數祇能分為二十六也蓋以英文二十六字母為順序也然後甲乙丙丁眉目清醒使學者可以因號及類因類求書例如以一百至一百九十九號為經類者則以一百十號為易類以一百十一為古易故門類次第凡一百至一百九十九無不為經凡一百十一至十九無不為易系統連貫次第分明於是圖書部居亦以號為次依次排列而後同號者必同類同類者必同居一書有一書之號一類有一類之號類小者號小類大者號大故無論圖書多寡有條不紊此分類之功部居之要也

是故門類之多寡不必問也所要者在乎系統之一貫組織之完密與乎記號之簡便順序之分明耳例以一百為經則一百十為易一百二十為書一百三十為詩以一百十一為古易一

百十二爲易石經一百十三爲易章句一百十四爲易傳一百二十一爲書古文一百二十二爲書石經一百二十三爲書章句一百二十四爲書傳則經之類自以易書詩爲序蓋一百十一百二十一百三十不容亂也易之部自以古易石經章句爲序蓋一百十一一百十二一百十三不容亂也

抑尤有進者記號之編列貴有伸縮故十可進爲百百可進爲千千可進爲萬以至於無窮此近代分類法之認爲至要而我國數千年來無人道之者也若謂漢有七略淸有四庫必以七四爲門類者去分類之旨遠矣

分類宜詳論一之六

學術之苟且由源流之不分書籍之散亡由編次之無紀易雖一書而有十六種學有傳學有注學有章句學有圖學有數學有讖緯學安得總言易類乎詩雖一書而有十二種學有詁訓學有傳學有注學有圖學有譜學有名物學安得總言詩類乎道家則有道書有道經有科儀有符錄有吐納內丹有爐火外丹凡二十五種皆道家而渾爲一家可乎（鄭樵通志總序）

漢志重家學故易書十五種分十三家書書十一種分九家詩書十五種分六家第次書籍每

一家書必相倫次猶不失爲詳細之分類自隋志改家爲部而體義不辨醫方之書總爲一種本草見明堂孔穴圖後又見瘧論並方後中凡五十四種書有養惟經療馬方雜厠其間故閱本草者非盡閱醫方二百五十六部不可四庫譏焦竑國史經籍之詳分爲餖飣不知經一類分九家九家有八十八種書以八十八種書而總爲九種書可乎易本一類以數不可合於圖圖不可合於音讖緯不可合於傳注故分爲十六種詩本一類也以圖不可合於音音不可合於譜名物不可合於詁訓故分爲十二種禮雖一類而有七種以儀禮雜於周官可乎春秋雖一類而有五家以啖趙雜於公穀可乎樂雖主於音聲而歌曲與管絃異事小學雖主於文字而字書與韻書背馳編年一家而有先後文集一家而有合離日月星辰豈可與風雲氣候同爲天文之學三命元辰豈可與九宮太一同爲五行之書以此觀之七略所分自爲苟簡四庫所部無乃荒唐（校讎略編次必謹類例論）

樵又曰舊類有道家有道書道家則老莊是也有法家有刑法法家則申韓是也以道家爲先法家次之至以刑法道書別出條例刑法則律令也道書則法術也豈可以法術與老莊同條律令與申韓共貫乎不得不分也唐志則併道家道書釋氏三類爲一類命以道家可乎凡條

例之書古人草昧後世詳明者有之未有棄古人之詳明從後人之紊濫也其意謂釋氏之書難爲在名墨兵農之上故以合於道家殊不知凡目之書只要明曉不如此論高卑況釋道二家之書自是矛盾豈可同一家乎（又編次不明論）鄭樵此言最爲知本惜後人苟且因陋就簡不復知有類例之義故數千年來分類之法毫無進步可嘆也已

淸之四庫今之言類例者奉爲圭臬然細考之其門目至爲苟簡經凡十類曰易曰書曰詩曰禮曰春秋曰孝經曰五經總義曰四書曰樂曰小學易一類不復細分以因象立教者爲宗書一類凡非解經之正軌者咸無取焉詩一類亦不復分家禮爲六類各以時代爲先後其次春秋孝經四書各爲一類小學則分爲三曰訓詁曰字書曰韻書（以上統見四庫總目錄部類敘）古之類例以書爲準且編目之書幾經選擇嚴爲去取故分類苟簡不足爲病然今之類例以定其系統總括羣書此古今之不同一也古之類例以書之多少爲類故四庫史部編年類敘曰隋志史部有起居注一門著錄四十四部舊唐書載二十九部併實錄爲四十一部新唐書載二十九部存於今者穆天子傳六卷溫大雅大唐創業起居注三卷而已穆天子傳雖編次年目類小說傳記不可以爲信史實惟存溫大雅一書不能自爲門目稽其體亦屬編年今併

合爲一然今之類例以學術門目書之內容爲單位有其學必有其類有類乃有次有次乃便檢查此古今之不同二也漢志以無地理專門故以山海經附入形法家隋志釋道附於四部四庫以之附於諸子夫學有專門自有專類且釋道之言未必不可以與孔墨並重此古人門戶之偏見而今以學術爲公分類之法所以包羅萬有以見天下之大學術之廣此古今之不同三也古之類例必有書而後有類四庫史部類序曰舊有譜牒一門然自唐以後譜學殆絕玉牒既不頒於外家乘亦不上於官徒存虛目故從刪焉此有書而後有類之明證也不知書有亡於前而備於後者不出於彼而出於此者凡一切古有今無古無今有之書一切古有今無古無今有之學必一一釐定之統系之然後書有所出學有所增類例部次不爲紛亂此分類之要也古人昧於分類原則限於一時之見故門類不備此古今之不同四也今之書與古之書相較乃倍徙焉今之學與古之學相較乃倍徙焉故古之類例但求簡明今之類例務求詳盡此古今之不同五也有此五不同而今之人猶欲復古而不改弦更張者吾未見其可也鄭樵曰類書猶持軍也若有條理雖多而治若無條理雖寡而紛類例不患其多也患處多之無術耳（校讎略編次必謹類例論）夫今之言類例者門類之多以千百萬計然有記號之故故部居次第乃

有條理鄭樵知其故未得其法乃四庫之法反以簡稱實不思之甚也

中國無分類法論一之七

類例之學遠肇秦漢而謂中國無分類法烏乎可曰分類之法首重原理原理不明是無分類法也我國言類例者辨章學術考鏡源流而已卽求其能辨章學術考鏡源流者亦不可多得遑論其他不知類例之法除學術源流而外常有較重要之原則在請試言之

類例之要在於部居羣籍以便世守世守之書不以一時一地爲限故類例門目必以學術爲經以書籍爲緯書可佚而學不可或亡故類例之法必離書而獨立詳列表目以待羣書而我國目錄學自七略以至四庫旁及私家撰述謂爲分類目錄則可（詳見編次第七）謂爲分類書目則可（詳見書目第八）謂爲分類法則不可

書有散佚學有增減故分類表目必先定大綱妥爲組織有伸縮之餘地有增減之可能故有書卽有類但問其內容之同不同不問其書之多與寡

類例門目必有標記甲經乙史所以定其部次州居類例之法所以便於典藏檢用也而標記之法必求其簡便詳明部類門目以細密爲愈佳古今學術流別何異恆河沙數中西書籍典

冊燦然繁若列星雖有門目而無甲乙無以知其序也吾國成法適得其反辨章學術有體有義而體義以外有以時次者有以地次者有以人次者有以名次者但一類之中祇能守其一而不能兼其二而吾國類例有始言體而後言義者有應以時次而以人次者有應以地次而以體別者是不知類例之法豈可與言分類

書爲實物部居有定故置於甲不能復置於乙書爲一書不能剖而爲二豈可以用互注互見之法哉互見法者編次之時用之耳非以言分類法也（詳見編次第七之六）但於書有相通名有互用者則於類名之下見之可也如易可通陰陽樂可通樂府則於條目之下互注見之以便分類者有所指歸不必將書名逐一互見也

類例之法所以以同類之書歸於一隅異類之書系於一統有倫有脊部次相從經入甲類則甲類必經史入乙類則乙類必史經必盡經史必盡史有禮而無樂可乎有史而無紀可乎新唐志於集部總集別立文史子目以史通釋史與文心詩評並列可乎是同類之書不能歸於一隅也

目錄門類例有敘論多言學術源流如漢志敘論曰昔仲尼沒而微言絕七十子喪而大義乖

故春秋分爲五詩分爲四易有數家之傳於諸子各家必言某家者流出於某官而於分類之次第門目之分配未嘗言之也漢志而后欲求專論圖書分類法之書不可得也目錄之書代有傳留但欲求離書而獨立成表部次詳明有標記有組織能伸縮便增減而與典藏出納爲表裏者不可得也故曰中國無分類法

校讎新義卷一終

校讎新義卷二

南海杜定友撰

四庫第二

四庫源流論二之一

四庫分類始於荀勗隋書經籍志曰魏氏代漢采掇遺亡藏在秘書中外三閣魏秘書郎鄭默字思元始制中經秘書監荀勗又因中經更著新簿分爲四部總括羣書一曰甲部紀六藝及小學等書二曰乙部有古諸子家近世子家兵書兵家術數三曰景部有史記舊事皇覽簿雜事四曰丁部有詩賦圖讚汲冢書大凡四部合二萬九千九百四十五卷但錄題及言盛以縹囊書用緗素至於作者之意無所論辯荀勗新簿其書今已不傳甲乙部次之說不可得而考之但觀其義例甲乙似爲部次之用非類例之名前已具論試觀隋志有曰惠懷之亂京華蕩覆渠閣文籍靡有孑遺東晉之初漸更鳩聚著作郎李充以勗舊簿校之其見存者但有三千一十四卷充遂總沒羣篇之名但以甲乙爲次自爾因循無所變革

李充字弘度爲著作郎於時典籍混亂刪除煩重以類相從分爲四部甚有條貫秘閣以爲永制五經爲甲部史記爲乙部諸子爲丙部詩賦爲丁部（見臧榮緒晉書）清錢大昕曰晉荀勖撰中經簿始分甲乙丙丁四部而子猶先於史至李充爲著作郎重分四部五經爲甲部史記爲乙部諸子爲丙部詩賦爲丁部而經史子集之次始定（見元史藝文志卷一）

荀勖四部源於七略甲部六藝略也乙部諸子略也以兵家亦一家言故附入焉丙部以後世史籍浩繁另立一部丁部詩賦略也然不名七略而甲乙其次未得其詳但當時必有說焉且部次之外或別有類名故隋志有李充總沒羣篇之名之語是李充誤甲乙爲類名後世盲然從之故四部之法視爲永制實則東晉之時四部猶未立也觀隋志部類可知之也

隋志體例分爲四部然不用甲乙之名志凡四卷經籍一爲經末注凡六藝經緯六百二十七部五千三百七十一卷通計亡書合九百五十部七千二百九十卷經籍二爲史末注凡史之所記八百一十七部一萬三千二百六十四卷通計亡書合八百七十四部一萬六千五百五十八卷經籍三爲子末注凡諸子合八百五十三部六千四百三十七卷經籍四爲集道經佛經而於集後注云凡集五百五十四部六千六百二十二卷通計亡書合一千一百四十六部

一萬三千三百九十卷又云凡四部經傳三千一百二十七部三萬六千七百八卷通計亡書合四千一百九十一部四萬九千四百六十七卷又別注右道佛經二千三百二十九部四千四百一十四卷最後又注云大凡經傳存亡及道佛六千五百二十部五萬六千八百八十一卷是四部而外尚有道佛二經合當爲六則隋志之四部尙有異於今日之四部也

舊唐書經籍志始嚴守四部之法以道家佛家歸入子部四部之法至此而總括羣書故歐陽修謂四部之制始於唐自唐而後歐陽修新唐書藝文志脫脫宋史藝文志宋崇文總目錢大昕補元史藝文志張廷玉明史藝文志焦竑國史經籍志至清之四庫無不用四庫者代代因循無有變更

四庫書目以經史子集爲綱領裒輯分儲實爲古今不易之法是書既遺編淵海若準此以採擷所登用廣石渠金匱之藏較爲有益（乾隆三十八年二月十一日諭）又四庫總目凡例曰是書以經史子集提綱列目經部分十類史部分十五類子部分十四類集部分五類或流別繁碎者又各析子目使條理分明此外對於四部之採用未多論及蓋以歷代如此無容異議也

四庫全書指意論二之二

清初康熙命儒臣廣羅羣籍分門別類統爲一書曰圖書集成初由陳夢雷編繼由蔣廷錫重加編校凡釐定三千餘卷增刪數十萬言圖繪精密考定詳悉列爲六編析爲三十二典其部六千餘其卷一萬（圖書集成雍正四年序）

總觀歷代藏書卷帙浩繁上行下效推稱盛事秘閣中書其動機雖不免於文飾而影響文化亦云至巨永樂大典圖書集成尤爲空前巨製關係學術至乾隆初年卽詔令搜集中外遺書校勘十三經二十一史以編纂宮嘉惠後學又開館編修綱目三編通鑑輯覽及三通諸書又鑒藏舊板書籍宋金元明板本彙爲天祿琳瑯藏於昭仁殿凡藝林承學之士所當戶誦家絃者既已薈萃各備（乾隆三十七年正月四日諭見四庫全書總目卷首）是皆受歷代藏書刻書之影響也而影響最大者莫若四庫全書

乾隆以康熙所修圖書集成全部兼修并錄極方策之大觀引用諸書編者率因類取裁勢不能悉載全文使學者沿流溯源一一徵其來處今內府藏書插架不爲不富然古今來著作之手無慮數千百家或逸在名山未登柱史正宜卽時採集彙送京師以彰千古同文之盛（同上）是收集四庫全書之始也

又以永樂大典蕪雜不當因有纂修之議林謂乾隆三十八年癸巳正月安徽學政朱筠奏搜採永樂大典及提要之法遂得旨允行命出內府所藏秘籍分司校閱再按李光地年譜載康熙二十六年光地奏秦漢以後禮壞樂崩六經雖經宋儒闡明然永樂間所修大典未免蕪雜疏漏宜大徵天下之士蒐羅羣言討論編纂然則搜採永樂大典修輯全書之舉光地已發於先林鶴年四庫全書表文箋釋卷二

乾隆因命校永樂大典並成八韻示意序曰翰林院署庋有永樂大典一書蓋自皇史宬移貯者初不知其名也比以搜訪遺籍安徽學政朱筠以校錄是書爲請廷議允行奏既上勅取首函以進見其採掇搜羅極爲浩博且中多世不經見之書雖原册亡什之一固不足爲全體累也第彼別部區函意在貪多務得細大不捐而編韻分字沓雜不倫由當時領書局者惟一姚廣孝因而濫引緇流逞其猥瑣之識雅俗並陳舉釋典道經悉爲闌入其奚當於古柱下史藏書之義乎因命內廷大學士等爲總裁掄選翰林官三十人分司校勘先爲發凡起例俾識所從事著者芟之龐者釐之散者裒之完善者存之已流傳者弗再登言二氏者在所擯取精擇醇依經史子集爲部次俟其成付之剞劂當以四庫全書名之夫四庫之目始於荀勗而盛於

唐時自來治藝文者大都以是爲準較原書斤斤於韻字之末者純駁何啻霄壤於以廣金匱石室之儲用嘉來學詎非萬世書林之津逮而表章闕佚之餘爲之正其名而定其失又詎非是書之大幸乎（乾隆御製詩四集卷十一）是則四庫全書纂編之源流及其動機已具見於此也

清以異族入主中國奠定之初未遑文治後經康熙六十一年之建設雍正十三年之整飭而暨乾隆六十年太平之治得以優遊於藝林故一開博學鴻詞科再開陽城馬周科三開經學科雖云崇奬文學亦所以收拾漢士大夫之心至如四庫全書之修纂五經試題之更改皆不免有粉飾張皇之意（劉法曾清史纂要）明因遷京而纂永樂大典康熙欲消弭異族之見而編圖書集成其意亦在斯乎清初文字之獄頻興（捫蝨談虎客近世中國秘史第一編）其箝制言論之自由至矣盡矣乃尤慮民間著述尚有譏貶朝廷者故大搜羣書假右文稽古之美名而逞秦政焚書之故智證之光宣間章一山喩長霖之奏議謂四庫全書告成已百卅餘年海內文字孳亂滋多歐化西來經涂益闢曾奏請續開四庫全書館明定宗旨力排異議以齊一天下之耳目庶幾邪說或可稍熄（林鶴年四庫全書表文箋釋自叙）則其編纂四庫全書之意旨概可想見當時藏書之家昧於榮利爭相趨奉以至慷慨激昂之作悉遭燒燬泯滅之列然因此以保存諸家之說而垂永久者亦不可

勝算於我國文化學術亦大有功焉

據乾隆本旨則謂方今文治光昭典籍大備恐名山石室儲藏尚多用是廣爲蒐輯俾無遺失冀以闡疑補闕所有進到各遺書并交總裁等同永樂大典內現有各種詳加校勘分別刊抄擇其中有益於世道人心者壽之梨棗以廣流傳餘則選派謄錄彙錄成編陳之册府其中有俚淺訛謬者止存其名彙爲總目以昭右文之盛此採擇四庫全書之本旨也（乾隆三十八年五月十七日諭）其言之成理持之有故雖爲文飾之詞亦足見搜羅之廣典藏之盛

各書收到後均一一辨厥妍媸嚴爲去取其上者悉登編錄罔致遺珠其次者亦長短兼臚見瑕瑜之不掩其有言非立訓義或違經則附載其名兼匡厥謬至於尋常著述未越羣流雖咎譽咸無究流傳之已久準諸家著錄之例亦併存其目以備考核（四庫全書總目凡例三）其中有明季諸人書集詞意牴觸朝廷者則盡行銷燬但亦有祇改一二語而不忍並從焚棄致令湮沒不彰者若其人品誼未醇而其建一言陳一弊切中利病有裨時政者亦不可以人廢言其中詳加釐定敍費斟酌故云筆削權衡務求精當使綱舉目張體裁醇備足爲萬世法卽後之好論辨者無從置議方爲盡善（乾隆四十六年二月十五日諭）但此亦片而之詞書中有應收而不收有不應收而收

者有應改而不改有不應改而改者亦頗足訾議（以上統見拙著四庫全書述略）是四庫全書實古今一大叢書也所選之書幾經選擇故凡例首曰是書卷帙浩博爲亙古所無然進一書編必經親覽宏綱巨目悉稟天裁定千載之是非決百家之疑似是去取之權操於乾隆一人其不流於偏狹者未之有也又以各省呈進之書大小長短參差不一無當於編列縹緗闊狹不等分籤插架不能整齊（見乾隆三十八年五月十七日及四十二年八月十九日諭）故鈔錄數份貯之翰苑以便就閱此四庫全書之輯與近代藏書之旨迥乎不同近人以四庫全書爲圖書館誤也以四庫門類爲分類法誤也以四庫總目爲目錄學誤也要其書可作參考而未足爲法

四庫門目論一之三

四庫全書凡經史子集著錄三千五百三十八部七萬七千六百十七卷附錄二十一部二百四十四卷存目六千七百一十三部九萬三千二百三十六卷附錄十九部一百零九卷大凡一萬零二百九十一部十七萬一千二百零六卷經部爲類十史部爲類十五子部爲類十四集部爲類五凡四十四類又以經部之小學類史部之地理傳記政書三類子部之術數藝術譜錄雜家四類集部之詞曲類流派至爲繁夥端緒易至茫如分小學爲三子目地理爲九子

目傳記爲五子目政書爲六子目術數爲七子目藝術譜錄各爲四子目雜家爲五子目詞曲爲四子目使條理井然又經部之禮類爲屬六詔令奏議爲屬二目錄天文算法各爲屬一小說爲屬三凡大小一百零九類除重複相用者十五類實凡九十四類茲列其門目如次其是非得失另具詳論

經

易

書

詩

禮

周禮

儀禮

禮記

三禮

通禮

雜禮

春秋

孝經

五經

四書

樂

小學

訓詁

字書

韻書

史

正史

編年
紀事
別史
雜史
詔令
傳記
　聖賢
　名人
　總錄
　雜錄
史鈔
載記
時令

官箴
政書
通制
典禮
邦記
軍政
法令
營建
目錄
經籍
金石
史評
子

儒

兵

法

農

醫

天文

推步

算書

術數

數學

占候

相宅

占卜

命書
陰陽
雜技

藝術
書畫
琴譜
篆刻
雜技

譜錄
器用
食譜
草木

雜家

雜學
雜考
雜說
雜品
雜纂
雜編
類書
小說
雜事
異詞
瑣語
釋
道

集

楚詞

別集

總集

詩文

詞曲

詞集

詞選

詞話

南北曲

四庫類例論二之四

四庫之旨在乎衛道故曰編錄遺文以闡聖學明王道者爲主不以百氏雜學爲重也（見四庫總目提要凡例）所選之書幾經審擇去取之權操於帝王一人其不流於偏崎而陷於自大者未之有也

經部總敍首曰經稟聖裁垂型萬世删定之旨如日中天無所容其贊述又凡例曰前代藏書率無簡擇蕭蘭竝擷珉玉雜陳殊未協別裁之義今詔求古籍特創新規一一辨厥妍媸嚴爲去取但於爲學之道亦有足述者如儒生著書務爲高論陰陽太極累牘連篇斯已不切人事矣至於論九河則欲修禹跡考六典則欲復周官封建井田動稱三代而不揆時勢之不可行至黃諫之流欲使天下筆札皆改篆體顧炎武之流欲使天下言語皆作古音迂謬蓋更甚焉又如明之曲士人喜言兵二麓正議欲掘坑藏錐以制敵武備新書欲雕木爲虎以臨陣陳禹謨至欲使九邊將士人人皆讀左傳凡斯之類竝闢其略說黜彼空言庶讀者知致經方務求爲有用之學同上但明季諸書詞意有抵觸清朝者又在銷燬之例其餘諸書凡非衞經證道崇揚當朝者莫不分別抽燬此又豈藏書之本旨哉

七略之法在辨章學術考鏡源流猶不失分類之本旨而後世不察妄分四部學無門戶而强分內外經爲宏道史以體尊子爲雜說集爲別體一以尊崇聖道以圖書分類爲褒貶之作失其本旨遠矣

四庫分類囿於成見故部次州居殊多附會蓋書籍爲人類制作不可以定形若以書之歸類

限於四部則其有非經非史非子非集或亦經亦史亦子亦集如說郛一書其書有經有史其文或儒或墨將何屬乎雖入史鈔豈得云當故張文襄以叢書中經史子集皆有勢難隸於四部故別爲類（見書目答問古今人著述合刻叢書目條）人目爲卓識但書之雜者豈祇叢書一類乎古人不知另立普通一門以求博大抑亦愚矣

劉氏略錄原有輯略班氏以輯略無敍遂割棄之而存其六不知輯略爲羣書之總會卽今之普通類或總類也豈可缺之雖當時無書焉知後世之無之哉夫類例之法所以部次羣書原不以古今有無爲區別漢志分類立法始創不免陷於疏漏如封禪羣祀入禮經太史公書戰國策世本附入春秋較之後世別立正史儀注專門爲知本矣卽漢志詩賦一略亦以卷帙繁多故不入詩經而自爲一部可見分類之法無不隨代而增因書而異豈有以四部成法易百世而不增改者哉

四庫部類雖多出入然以卷帙不繁選擇從嚴故各書歸類類多精當尤爲前人所不及如筆陣圖之屬舊入小學類今惟以論六書者入小學其論八法者不過筆札之工則改隸藝術羯鼓錄之屬舊入樂類今惟以論律呂者入樂其論管絃工尺者不過世俗之音亦改隸藝術左

傳類詩賦之屬舊入春秋類今以其但取儷辭無關經義改隸類書孝經集靈舊入孝經類穆天子傳舊入起居注類山海經十洲記舊入地理類漢武帝內傳飛燕外傳舊入傳記類今以其或涉荒誕或涉鄙猥均改隸小說他如楊雄太元經舊入儒家類今改隸術數兪琰易外別傳舊入易類今改隸道家又如倪石陵書名似子而實文集陳埴木鐘集名似文集而實語錄均一一詳爲考核免後世見名不見書之弊

四庫之弊論二之五

四庫全書實我國一大叢書也叢書之編次依編者之意爲依歸所謂主觀之分類法也且四庫著錄凡三千餘部較之當時內府所藏不什一焉以九十四類類三千種書雖嫌其簡但未見其不可此固不可以與普通類例併爲一談也若以四庫爲分類方法則圖書館之兼藏四庫全書及其他書籍者將何以部次耶今又以四庫全書翻印聞矣若以經史子集分之則四庫全書勢必破碎支離與其他相混則不復有四庫全書矣若以四庫全書作一部看則入經耶入史耶入子耶入集耶吾未見其可也故曰其書可資參考未足爲法也

四庫類例自唐而後無有改者非其法之善也徒以各朝帝王之命下官素於奉行憚於更易

不得不行耳否則何以王儉既造元徽四部目錄又編七志（見南齊書卷二三王儉傳）阮孝緒有七錄許善心有七林（見隋書卷五八許善心傳）馬素懷有續七志（見新唐書一九九馬素懷傳）鄭樵撰通志藝文略已不用四部而分爲十二（見前）其餘孫星衍繆荃孫等亦不以四部爲限可見四部之法數千年來人之奉爲圭臬者時也勢也非其法之善也四部之所以不能用於今日者亦時也勢也歟

章學誠論四部之不能返七略者五曰七略之流而爲四部如篆隸之流而爲行楷皆勢之所不容已者也史部日繁不能悉以隸春秋家學四部之不能返七略者一名墨諸家後世不復有其支別四部之不能返七略者二文集熾盛不能定百家九流之名目四部之不能返七略者三鈔輯之體既非叢書又非類書四部之不能返七略者四評點詩文亦有似別集而非別集似總集而非總集者四部之不能返七略者五凡一切古無今有古有今無之書其勢判如霄壤又安得執七略之成法以部次近日之文章乎（校讎通義二之一）

四部之不能返七略亦猶今日之分類不能返四部也論四部之弊有五一曰不詳盡以九十四類類四庫全書可也以九十四類類今日之羣籍可乎輓近學術日繁典籍日夥文章流別歷代增新有是一家即應立是一類有是一體即應立是一格醫學一門身體百肢疾症千百

中西藥石毋慮萬種以醫家一類總之可乎二曰不該括近人爲學新舊兼治圖書內容中外並陳文字有中外之分學術無國別之限有舊而無新可乎有中而無外可乎有諸子而無哲學可乎有詩賦而無戲曲可乎有中國史而無外國史可乎有釋道而無耶敎可乎三曰不合理釋道分割而名墨不列家四書入經而孔門弟子夷於門外史部不以時次而以體別子部龐雜不成一家之言集部詩文不分而出詞曲其鹵莽滅裂是非顚倒不一而足夫分類之法所以總括羣書部次條別所以便於用也今學術不辨涇渭不分假衞道之名寓褒貶之意分類之理豈若是哉四曰無遠慮四部之法以成書爲根據未爲將來着想新出之書無可安插後起之學無所依歸經史子集本非學術之名而強爲圖籍之目聖道之外不復知有科學者豈有今日之圖書而可仍四部成法哉五曰無標記分類之法最重標記前已具論而四部之分各類分配多寡異殊組織系統尙欠完密總之中國無分類之法四部目錄亦豈能免是哉

校讎新義卷二終

校讐新義卷三

南海杜定友撰

經部第三

經部源流論三之一

從來圖書部類必先言經經羅萬有爲我國學術之源泉隋志曰夫經籍也者機神之妙旨聖哲之能事所以經天地緯陰陽正紀綱宏道德顯仁足以制物藏用足以獨善學之者將殖焉不學者將落焉大業崇之則成欽明之德匹夫克念則有王公之重其王者之所以樹風聲流顯號美教化移風俗何莫由乎斯道隋書經籍志序四庫經部猶班志之六藝也賈誼曰先王爲天下設教以興詩書易春秋禮樂六者之術以爲大義謂之六藝賈誼新書六術篇班固曰六藝之文樂以和神仁之表也詩以正言義之用也禮以明體明者著見故無訓也書以廣聽知之術也春秋以斷事信之符也五者蓋五常之道相須而備而易爲之原故曰易不可見則乾坤或幾乎息矣言與天地爲終始也漢書藝文志六藝總論

夫經之名取經綸紀之意夫子之時未嘗稱經也逮夫子沒微言絕而大義乖孔門弟子乃尊之爲經故荀子曰夫學始乎誦經終於習禮莊子曰丘治詩書禮樂易春秋六經又曰詩以道志書以道事禮以道行樂以道和易以道陰陽春秋以道名分其數散於天下而沒於中國者百家之學時或稱而道之（莊子天下篇）荀莊皆子夏門人故所言如是章學誠曰六經之文皆周公之舊典以其出於官守而皆爲憲章故述之無所用作以其官守失傳而師儒習業故尊奉而稱經聖人之徒豈有私意標目強配經名以炫後人之耳目哉故經之有六著於禮記標於莊子損爲五而不可增爲七而不能所以爲常道也（校讎通義十三之一）又曰後世著錄之家因文字之繁多不盡關於經紀於是取先聖之微言與羣經之羽翼皆稱爲經如論語孟子孝經與夫大小戴記之別於禮左公穀之別於春秋皆題爲經乃有九經十經十三經十四諸經爲專部蓋尊經並及經之支裔也而儒者著書始嚴經名不敢觸犯則尊聖教而愼避嫌名蓋猶三代以後非人主不得稱我爲朕也（文史通義經解上）又曰孟子時以楊墨爲異端矣楊氏無書墨翟之書初不名經而莊子乃云苦獲鄧陵之屬皆誦墨經則其徒自相崇奉而稱經矣東漢秦景之使天竺四十二章皆不名經其後華言譯受附會稱經則亦文飾之辭矣老子二篇劉班著錄初不

稱經隋志乃依阮錄稱老子經意者阮錄出於梁世梁武崇尚異教則佛老皆列經科其所倣也而加以道德眞經與莊子之加以南華眞經列子之加以冲虛眞經則開元之元敎設科附飾文致又其後益甚者也韓退之曰道其所道非吾所謂道則名敎旣殊又何妨於經其所經非吾所謂經（又經解中）是經部內容益滋亂矣

漢志六藝經傳九種一易二書三詩四禮五樂六春秋七論語八孝經九小學隋志改爲十一周易二尙書三詩四禮五樂六春秋七孝經八論語九讖緯十小學四庫則分爲十類曰易曰書曰詩曰禮曰春秋曰孝經曰五經總義曰四書曰樂曰小學

易類三之二

漢志易曰宓戲氏仰觀象於天俯觀法於地觀鳥獸之文與地之宜近取諸身遠取諸物於是始作八卦以通神明之德以類萬物之情（漢書藝文志易類序）後世因而重之作六十四卦在夏曰連山在殷曰歸藏周文王作卦辭謂之周易孔子爲彖象繫辭又言序卦說卦雜卦而子夏傳之漢初有施孟梁丘之學又有東郡京氏四家並言其後傳者益衆

四庫易類序曰易道廣大無所不包旁及天文地理樂律兵法韻學算術以逮方外之爐火皆

可援易以爲說而好異者又援以入易故易說愈繁夫六十四卦大象皆有君子以字其爻象則多戒占者聖人之情見乎詞矣其餘皆易之一論非其本也

漢志最重家法故易凡十三家各家之學必相倫次故首易經十二篇施孟梁丘三家次易傳周氏二篇服氏二篇隋志以歸藏爲首謂歸藏漢初已亡按晉中經有之惟載卜筮不似聖人之旨以本卦尚存故取貫周易之首以備殷易之缺其餘篇次未及其詳

通志藝文略分易爲古易石經章句傳注集注義疏論說類例譜考正數圖音讖緯擬易十六子目曰易本一類也以數不可合於圖圖不可合於音讖緯不可合於傳注故分爲十六種（校讎略編次必謹類例論）頗極分類之能事四庫既不辨家學又不別體裁其弊在一以時代爲次以後諸類亦同病焉

書類三之三

河圖雒書聖人纂焉孔子刪書上斷於堯下訖於周凡百篇而爲之序漢志曰書者古之號令號令於衆其言不立具則聽受施行者弗曉（漢書藝文志書類序）四庫曰書以道政事儒者不能異說也

小序之依託五行傳之附會久論定矣然諸家聚訟猶有四端曰今文古文曰錯簡曰禹貢山

水曰洪範疇數班書有歐陽大小夏侯三家漢志四百一十二篇分九家隋志凡三十二部二百四十七卷四庫不復細分藝文略都十六種較諸四庫單篇與全篇混亂義解與考正雜陳自知木矣至四庫類次以尚書大傳附於類末殊爲失當

詩類三之四

書曰詩言志歌詠言古者有采詩之官所以觀風俗知得失也孔子刪詩上采諸殷下取諸魯凡三百五篇秦火而後諷誦不滅有魯齊韓毛四家風雅頌之別郊祀若頌鐃歌鼓吹若雅琴曲雜詩若國風其餘草木鳥獸之名訓詁聲音之義不容混亂雜錯也四庫詩類序祇及漢學宋儒之爭但云參稽衆說務協其平茍不至程大昌之妄改舊文王柏之橫刪聖籍者論有可采並錄存之以消容數百年之門戶襃貶尊一之見情見乎詞分類之法豈若是哉藝文略以詩分爲石經故訓傳注義疏問辨統說譜名物圖音緯學較爲得體

禮類三之五

禮經三百威儀三千自孔子時而不具至秦而大壞漢初魯高堂生傳士禮十七篇其後戴德戴聖慶普傳之立三家學官是大戴小戴慶氏之學至今不絕隋志曰漢時有李氏得周官河

間獻王又得仲尼弟子及後學所記一百三十一篇獻之時亦無傳之者至劉向考校經籍檢得一百三十篇向因第而次之而又得明堂陰陽記三十一篇孔子三朝記七篇王氏史氏記二十一篇樂記二十三篇凡五種合二百十四篇戴德刪其煩重合而記之爲八十五篇謂之大戴記而戴聖又刪大戴之書爲四十六篇謂之小戴記漢馬融遂傳小戴之學融又定月令一篇明堂位一篇樂記一篇合四十九篇而鄭玄受業於融又爲之注（隋書經籍志述禮之源流興廢）四庫以類區分定爲六目曰周禮曰儀禮曰禮記曰三禮總義曰通禮曰雜禮書六目之中各以時代爲先後（四庫總目經部禮類序）隋志雖不分目其次序大氐無異三禮之外加入通禮雜禮等私家儀注不入史部於經何有封禪議對漢封禪羣禮俱爲政書入於禮部亦無倫次周禮之中雜入太平經國讀禮通考附於儀禮未知何解隋志諡法既見儀注又入經解夫禮有周官禮記冠昏凶吉賓禮軍禮會禮儀注自當別其條理以類相從三禮當冠於首雜禮宜殿於後四庫六目雖較勝前代然以言類例仍不免苟簡也

鄭樵藝文略分類如次但各類得失亦未見其妥也

禮類

周官

傳注

義疏

論難

義類

音

圖

儀禮

石經

注

疏

音

喪服

傳注

集注

義疏

記要

問難

儀注

譜

圖

五福圖儀

禮記

大戴

小戴

義疏

書鈔
評論
名數
音義
中庸
讖緯
月令
古月令
續月令
時令
歲時
會禮
論鈔

中華書局印行

問難

三禮

禮圖

儀注

禮儀

吉禮

賓禮

軍禮

嘉禮

封禪

汾陰

諸祀儀注

陵廟制

家禮祭儀

東宮儀注

后儀

王國州縣儀注

朝會儀

耕籍儀

車服

國璽

書儀

春秋類三之六

左史記言右史記事事爲春秋言爲尙書周室既微載籍殘缺仲尼思存前聖之業乃稱曰夏禮吾能言之杞不足徵也殷禮吾能言之宋不足徵也文獻不足故也足則吾能徵之矣以魯周公之國禮文備物史官有法故與左丘明觀其史記據行事仍人道因興以立功敗以成罰

假日月以定曆數藉朝聘以正禮樂有所褒諱貶損不可書見口授弟子弟子退而異言丘明恐弟子各安其意以失其眞故論本事而作傳明夫子不以空言而說經也見漢書藝文志春秋類序春秋有公羊穀梁鄒夾四家之傳後世孫復劉敞昌言棄傳言經實則所棄者左氏事跡公穀月日耳見四庫全書經部春秋類序

春秋爲魯史策書之名後世竝尊爲經漢志無史部故太史公三百篇位於春秋之後國語國策楚漢春秋均附於後後世部類自當別史書於春秋而歸入史部隋志以來多半如此

孝經類三之七

孝經者孔子爲曾子陳孝道也夫孝天之經地之義民之行也舉大者言故曰孝經漢書藝文志孝經類序孔子以六藝題目不同指意殊別故作孝經以總合之鄭康成六藝論長孫氏博士江翁少府后倉諫議大夫翼奉安昌侯張禹傳之經文皆同

漢志阮錄以孝經次論語夫論語爲孔門弟子述師之言隋志改之甚當

五經總義三之八

古無五經之書漢志以五經雜義十八篇石渠論入孝經隋志以孔叢家語竝孔氏所傳仲尼

之旨爾雅諸書解古今之意幷五經總義附於論語舊唐書始另立經解一門與讖緯合行是爲得體但經解讖緯各自有別單標經解又不見其爲羣經朱彝尊作經義考則曰羣經又不見其爲經解宋志以經典釋文入小學則又誤經解爲爾雅夫五經要義（梁雷氏撰）五經析疑（邯鄲綽撰）五經宗略（元延明撰）雖有其書但世有六經九經十三經之名又豈可一而五之四庫以隋志因稱五經總義準以立名庶猶近古（四庫經部五經總義序）其存古之見於斯可見故張氏畣問後改爲羣經是也又四庫以五經總義位於四書之前豈五經總義而無論語孟子乎既爲羣經自當仿劉氏輯略冠於各經之首然從來目錄學者未見及此也

四書類三之九

論語者孔子弟子所錄孔子既敘六經講於洙泗之上門徒三千達者七十其與夫子應答及私講肄言合於道或書之於紳或事之無厭仲尼既沒遂緝而論之謂之論語（隋書經籍志述論語之源流與廢）漢志隋志皆自爲一類宋淳熙始取論語孟子及舊禮記大學中庸二篇編爲四書元邱葵周禮補亡序稱聖朝以六經取士故當時四書爲經之一明史藝文志別立四書一門四庫從之黃氏千頃堂書目則仍以大學中庸附於禮記夫四書之編取其便耳卽元延祐復科舉懸

爲令甲亦不可以爲書後世不察立爲專類是亦尊經衞道之念所致也

樂類三之十

孔子曰安上治民莫善於禮移風易俗莫善於樂周有六樂之名曰重門曰咸池曰大韶曰大夏曰大濩曰大武惟樂經早亡漢興制氏以雅樂聲律世在樂官紀其鏗鏘鼓儛而不能言其義四庫曰大抵樂之綱目具於禮其歌詞具於詩其鏗鏘鼓儛則傳於伶官漢初制氏所記蓋其遺譜非別有一經爲聖人手定也特以宣豫導和感神人而通天地厥用至大厥義至精故遵其教得配於經而後代鍾律之書亦遂得著錄於經部不與藝術同科顧自漢以來兼陳雅俗艷歌側調並隸雲韶於是諸史所登雖細至箏琶亦附於經末循是以往將小說稗官未嘗不記言記事亦附之書與春秋乎悖理傷教於斯爲甚今則區別諸書惟以辨律呂明雅樂者仍列於經其謳歌末技弦管繁聲均退列雜藝詞曲兩類中用以見大樂元音道侔天地非鄭聲所得而奸也（四庫經部樂類序）所論甚是第辨律呂明雅樂者爲音樂原理用以配經無所取義豈有藝術樂類而無律呂哉樂經既亡去之可也部類門目但存其名以完六藝亦無不可四庫附於經末無乃多事

小學類三之十一

古者八歲入小學授以六書曰象形指事象意象聲轉注假借書用八體曰大篆小篆刻符蟲書摹印署書殳書隸書是爲造字之本漢志以揚雄訓纂凡百又三章六千一百八十字皆當時六經所有字故以入小學後世並以爾雅訓詁之書不問所注何書統入小學故宋志以經典釋文入小學隋志增以金文石經唐志增書法四庫以爾雅以下編爲訓詁說文以下編爲字書廣韻以下編爲韻書是皆辨體而不辨義小學之學益多歧矣夫論字之書無當於經訓詁之書當附各經以盡其用今凡論字之書不考其所論之原未見其可也四庫以論幼儀者列入儒家以論筆法者列入雜藝以蒙求之屬隸故事以便記誦者列入類書雖體辨較嚴但去取之間亦未能當我國目錄學者不明類例又豈祇爲四庫病哉

經部總論三之十二

總之經部之弊在一以時代爲次無復有辨章辨體之義夫易雖一類而有四家數既不可合於圖圖亦不可合於音若一以時代爲次義例自亂且有後人注前代之書者矣今以著述年代爲次豈知書乎目錄之學原便取用檢書之人未必知其年代也固云各以時代爲先後庶

源流同異可比而考焉（四庫經部禮類序）實不通之論也

荀子曰夫學始乎誦經終乎讀禮經者紀也紀者常也六經之文皆周代舊典以孔子之賢述而不作古學官守師承無私家著述後人不察妄自稱經不知本也章曰異學稱經以抗六藝愚也儒者僭經以擬六藝妄也六經初不爲尊稱義取經綸爲世法耳六藝皆周公之政典故立爲經夫子之聖非遜周公而論語諸篇不稱經者以其非政典也後儒因所尊而尊之分部隸經以爲傳固翼經者耳佛老之書本爲一家之言非有綱紀政事其徒欲專其教自以一家之言尊之過於六藝無不可也强加經名以相擬何異優伶效楚相哉抑亦愚矣（章學誠文史通義經解下）

漢志以論語孝經小學隸經部標名六藝實爲九種以爲三傳可以附經實不知經之本義否則二十三史皆春秋家學也劉歆次太史公書於春秋後明乎繼春秋而作也何後世史部不能附於經乎若云後世史籍浩繁故離經而立是豈明類例之理乎我國目錄首重辨章學術考鏡源流而六藝經史同科豈得謂知學術之源流乎

六經初非尊稱前已具論分類之學在辨章學術無所用其尊也劉略班志統稱六藝所以類孔子刪述之書且以六經爲常典故置之部首但以論語孝經小學附之無當於經後世改爲

經部更無所取義以論語列入經部而論孔氏之書及孔子弟子均退居子部豈明學術之類例哉若以論語爲孔氏之言而尊之則後世之賢者其足爲吾人所尊者不知幾何若均以尊之而入乎經則經部將不爲龍蛇之菹乎

六藝之學爲我國學術之源別而部之原無不可但經部之書止於六經可也充其類亦不過說經之傳可以附隸今以三傳附之而後世更以通禮雜禮入禮經以律呂入樂經則何以史部不可以附春秋詩賦不可以附詩經耶準是而論則我國學術六經而外無他學矣經部之亂至斯極矣

校讐新義卷三終

校讐新義 卷四

南海杜定友撰

史部第四

史部源流論四之一

漢志無史部右史所記春秋事也故劉班部次位國語世本戰國策史記於春秋之後明乎其繼春秋而作也初孔子筆削春秋定一字之褒貶左邱明爲之作傳至漢武帝時司馬談爲太史公乃據左氏國語世本戰國策楚漢春秋接其後事成一家言談卒子遷爲太史令嗣成其志上起黃帝下訖炎漢勒成一書分爲五體本紀十二用以紀年表十用以正曆書八用以類事世家三十用以傳代列傳七十用以著人謂之史記鄭樵謂百代而下史官不能易其法學者不能舍其書六經之後惟有此作（鄭樵通志總序）

知幾論史惟丘明子長二體流爲六家一曰尚書家二曰春秋家三曰左傳家四曰國語家五曰史記家六曰漢書家謂考茲六家商榷千載蓋史之流品亦窮於此矣而樸散淳銷時移世

異尙書等四家其體久廢所可祖述者唯左氏及漢書二家而已（劉知幾史通六家）

魏荀勗四部尙無史部之名其丙部有史記皇覽簿雜事而已後李充總沒羣篇之名定爲甲經乙史王儉七志仍入經部其經典志紀六藝　學史記雜事阮錄名曰記傳紀史傳隋志史部分正史古史雜史霸史起居注舊事篇職官篇儀注篇刑法篇雜傳地理記譜系篇簿錄篇十三子目正史古史以紀傳編年阮錄謂爲國史雜史爲隋志獨創以紀異體阮錄僞史隋志改爲霸史舊唐書改古史爲編年新唐書正史中分通史於集史之外起居注分實錄詔令兩子目宋志刪起居注實錄之類特創別史史鈔二類明志無所變更惟並編年於正史史通雜述篇別爲偏記小錄逸事瑣言郡書家史別傳雜記地理書都邑簿凡十種

至清之四庫史書體例大備分十五類首曰正史大綱也次曰編年曰別史曰雜史曰詔令奏議曰傳記曰史鈔曰載記皆參考紀傳者也曰時令曰地理曰職官曰政書曰目錄皆參考諸志者也曰史評參考論贊者也舊有譜牒一門然自唐以後譜學殆絕玉牒既不頒於外家乘亦不上於官徒存虛目故從刪焉（四庫全書總目提要史部總序）

正史類四之一

正史之名見於隋志曰古者天子諸侯必有國史以紀言行後世多務其道彌繁至後漢扶風班彪綴後漢傳數十篇並譏正前失彪卒明帝命其子固續成其志以爲唐虞三代世有典籍史遷所記乃以漢氏繼於百王之末非其義也故斷自高祖終於孝平王莽之誅爲十二紀八表十志六十九傳潛心積思二十餘年建中初始奏表及紀傳其十志竟不能就固卒後始命曹大家續成之自是世有著述皆擬班馬以爲正史作者尤廣一代之史多至數十家唯史記漢書師法相傳並有解釋三國志及范曄後漢雖有音注既近世之作並讀之可知梁時明漢書有劉顯韋稜陳時有姚察隋代有包愷蕭該並爲名家史記傳者甚微今依其世代聚而編之以備正史（隋書經籍志述正史之緣起）

隋志正史凡十有七明監本合宋遼金元四史爲二十有一清定明史增舊唐書又裒集薛居正舊五代史與歐陽修書竝列共爲二十有四正史所列以此爲限謂正史體尊義與經配非懸諸令典莫敢私增所由與稗官野記異也（四庫總目正史類序）然則近代諸史非正史而何古人動稱尊體其壟斷學術之弊於斯爲極

雖然正史編次亦有極爲得體者如訓釋音義者如史記索引之類掇拾遺闕者如補後漢書

年表之類辨正異同者如新唐書糾繆之類校正字句者如兩漢刊誤補遺之類若別爲編次尋檢爲繁今各附本書極便參證

編年類四之三

編年隋志之古史也起漢獻帝雅好典籍以班固漢書文繁難省命穎川荀悅作春秋左傳之體爲漢紀三十篇言約而事詳辯論多美大行於世至晉太康元年汲郡人發魏襄王冢得古竹簡書字皆科斗其著書皆編年爲次文意大似春秋學者因之以爲春秋則古史記之正法有所著述多依春秋之體故隋志謂爲古史四庫曰司馬遷改編年爲紀傳荀悅又改紀傳爲編年劉知幾深通史法而史通分敘六家統歸二體則編年紀傳均正史也其不列爲正史者以班馬舊裁歷朝繼作編年一體則或有或無不能使時代相續故姑置焉無他義也（四庫編年類序）然編年既屬正史自宜併歸一類然後可以相輔而行類書但求應用初不以能否繼續爲去取也四庫分類例取正齊美觀時代不繼者不錄書數寡尠者不錄（如溫大雅一書不能自爲門目併入編年之類）是豈知圖書類例之原則哉漢書與漢紀別居未見其可也

紀事本末類四之四

紀事本末之名始於宋袁樞以通鑑舊文每事各爲篇次詳其終始四庫特創是一類自爲門目凡一書備諸事之本末與一書具一事之本末者總類於此其不標明紀事本末之名而實紀事本末者亦並著錄四庫分類以體爲主於斯可見夫事例相循有因有果因果本末之謂也然則凡史之書無不有因果卽無不有本末則將盡爲紀事本末哉紀事本末之不通亦於斯可見矣雖然史以記事歷代相承自當以時爲貫其同朝同代因卷帙之浩繁因體以部別亦無不可今單標紀事本末以別於正史雜史豈紀事本末非一朝一國之正事哉屏諸正史之外未見其得也

四庫既主體例創立紀事本末矣然於偶然記載篇幅無多者則仍隸諸雜史傳記不列於此（見四庫提要史部紀事本末類序）則紀事本末之外又以篇幅多寡及偶然與不偶然爲標準耶傳記類雜記曰敍一人之始末者爲傳之屬敍一事之本末者爲記之屬又於雜史類敍曰但具一事之始末非一代之全篇或但述一時之見聞祇一家之私記要期遺文舊事足以存掌故資考證備讀史之參稽云爾是則紀事本末既自成一類又於傳記雜史見之可見提要作者於紀事本末一體爲未能一一指別嚴定去取狐疑之情乃亦可嘆

別史類四之五

別史隋志之雜史也隋志以戰國策楚漢春秋其比事屬辭皆不與春秋史記漢書相似蓋率爾之作而非史策之正故爲雜史四庫以梁皇帝實錄（梁中書郎謝吳撰記元帝事）列諸雜史於義未安故照舊唐書及宋陳振孫直齋書錄解題創立別史一門以處上不至於正史下不至於雜史之書曰東觀漢記東都事略大金國志契丹國志之類則先資草創逸周書路史之類則互取證明古史續漢史之類則檢校異同其書皆足相輔而其名則不可以竝列命曰別史猶大宗之有別子云爾包羅既廣六體兼存必以類分轉形瑣屑故今所編錄通以年代先後爲敘（四庫史部別史類序）是四庫主體而不主義又一例也

考四庫別史類著錄多爲隋唐志之雜史如逸周書古今記春秋戰國異辭之流是也別史之義未知何指所謂上不至於正史下不至於雜史其標準究何在乎正史類敘既云掇拾遺闕辨正異同校正字句刊誤補遺之類卽各附本書用資參證（見前）今則云證明古史檢校異同其書皆足相輔而其名不可以竝列云云其前後矛盾雜亂無章不容深諱豈足以言類例之理哉

雜史類四之六

雜史爲隋志所創四庫因之蓋雜史以紀異體非史策之正因事命篇勒成一書故曰自後漢以來學者多抄撮舊史自爲一書或起自人皇或斷之近代亦各其志而體制不經又有委巷之說迂怪妄誕眞虛莫測然其大抵皆帝王之事通人君子必博采廣覽以酌其要故備而存之謂之雜史（隋志述雜史之緣起）然考隋志所錄如戰國策楚漢春秋之類漢志皆入春秋列於六藝之門六藝略本爲官守典業漢志無尊體之意後人不察妄自尊卑出此入彼徒不知本耳

四庫所收仍多舊文凡所著錄大抵取其事繫廟堂語關軍國或但記一事之始末非一代之全篇或但述一時之見聞祇一家之私記要期遺文舊事足以存掌故資考證備讀史之參稽者（見四庫雜史類序）則其博雜亦可知矣故云義取乎兼包衆體宏括殊名（仝上）然既包衆體又何必復分所謂語關軍國者入政書可矣所謂一事之始末者入紀事本末可也所謂一時之見聞一家之私記者入載記可也又何必多分體例耶故王嘉拾遺記汲冢瑣語魏尙書梁實錄紛然亂雜四庫類例既忘辨義至是而辨體亦忘矣痛哉

詔令奏議類四之七

詔令左史事也新唐志起居注分實錄詔令兩子目以符左史記言右史記動之義漢志以奏事二十篇入春秋附於戰國策之後明乎記事之文當入史也隋志入總集故後周雜詔皇朝詔集上淸書表梁中表等書與文選文苑婦人集鈔巾箱集同列荒謬絕倫不待深究通考入集部通志入文類與隋志同病四庫曰夫渙號明堂義無虛發治亂得失於是可稽此政事之樞機非僅文章類也抑居詞賦於理爲褻（四庫詔令奏議類序）此語最爲知本但詔令奏議事關國政古者帝王一言等於律令史部既有政書自當統歸一類以便稽考茲另立一類於義未當

傳記類四之八

傳記隋志謂爲雜傳夫傳記之體自古有之周官司寇凡大盟約涖其盟書登於天府太史內史司會六官皆受其貳而藏之自公卿諸侯至於羣士善惡之迹異集史職言行舉動皆有史傳太史公百三十篇凡三十世家七十列傳漢時劉向典校經籍作列仙列士列女之傳魏晉以來作者彌夥惟隋志所收體例殊雜先賢集孔氏家傳列女傳淸虛眞人王君內傳高僧傳應驗記靈鬼志怪神錄等冶之一爐是辨體而不辨義之誤也

雖然鄭樵有言曰古今編書所不能分者五一曰傳記二曰雜家三曰小說四曰雜史五曰故

事凡此五類足相紊亂（校讎略編次之訛論）明乎分類之難矣通志傳記類分爲耆舊高隱孝友忠烈名士交游列傳家傳列女科第名號冥異祥異十三子目雖未能盡善而較之四庫則較勝一籌矣

四庫傳記區爲五類一曰聖賢如孔孟年譜之類二曰名人如魏鄭公諫錄之類三曰總錄如列女傳之類四曰雜錄如驂鸞錄之類至安祿山黃巢劉豫諸書則從叛臣諸傳自爲一類謂之別錄其去取褒貶之見一望可知四類標準亦無由區別聖賢而非名人乎曰總曰雜曰別與聖賢名人取義各殊同一類例而重其標分是不知分類之原則也

史鈔史評類四之九

史鈔始於鈔書書鈔始於葛稚川有專鈔一史者如漢書鈔三十卷有合鈔衆史者如正史削繁九十四卷有考辨史體者如劉知幾倪思諸書隋志無門類故史要典略史記要集三史略諸書位於雜史之間新唐書集部總集有文史子目故史通釋史諸書雜於集部史集不分莫斯爲甚宋志始立史鈔一門四庫因之立史鈔史評二子目於史部史鈔位於載記之前史評殿於部末次第殊欠恰當

四庫有史鈔而無書鈔故章學誠謂宜立書鈔名目其言曰無論治經業史皆有簡約鈔撮之工其始不過便一時之記憶初非有意留青後乃父子授受師弟傳習流别既廣巧法滋多其書既不能悉畀丙丁惟有強編甲乙弊至近日流傳之殘本說郛而極矣其書有經有史其文或儒或墨若還其部次則篇目不全若自爲一書則義類難附凡若此者當自立書鈔名目附之史鈔之後可也（校讎通義二之六）然其書既有經有史何以獨畀諸史耶此古人部類除經史子集之外不知另立總類以包衆體抑亦愚矣徒以義類難附卽以之入史此豈明分類之法哉

章氏又曰評點之書其源亦始鍾氏詩品劉氏文心然彼則有評無點且自出心裁發揮道妙又且離詩與文而别自爲書信哉其能成一家言矣自學者因陋就簡卽古人之詩文而漫爲點識批評庶幾便於揣摩誦習而後人嗣起囿於見聞不能自具心裁深窺古人全體作者精微以致相習成風幾忘其尙有本書者末流之弊至此極矣然其書具在亦不得而盡廢之也且如史記百三十篇正史已登於錄矣明茅坤歸有光輩復加點識批評是所重者不在百三十篇而在點識批評矣豈可復歸正史類乎謝枋得之檀弓蘇洵之孟子孫鑛之毛詩豈可復歸經乎凡若此者皆是論文之末流品藻之下乘豈復有通經習史之意乎編書至此不必更

問經史部次子集偏全約略篇章附於史評之下庶乎不失論辨流別之義耳（同上二之七）觀此中國目錄學之謬誤具見於是矣夫古書難讀難明故學者爲之點識批評原取便於揣摩誦習所以微者顯之亂者理之意在窺古人全體作者精微豈得謂因陋就簡末流之弊耶學者每好爲大言是古非今故囿於見聞妄加平旦如茅歸史記蘇批孟子等其義既爲史爲子自當附於原書以資考證而便摩習今日豈可復歸正史類乎豈可復歸經部乎此門戶之見尊古之念不知求學之道分類之理有以致之也我國數千年來學術有退無進此其因歟又曰編書至此更不必問經史部次子集偏全此豈論別源流之義辨章學術之意乎目錄之學既重類例而今乃曰不必問爲經爲史爲子爲集又曰既不能悉畀丙丁惟有强編甲乙其矛盾謬誤誠無以自解矣嗚呼以實齋之賢不愧爲有清一代目錄專家猶爲此言實齋而下更不堪問矣

載記類四之十

四庫載記類序云五馬南浮中原雲亂偏方割據各設史官其事蹟亦不容泯滅故阮孝緒作七錄僞史立焉隋志改稱霸史文獻通考則兼用二名然年祀緜邈文籍散佚當時僭撰久已

無存存於今者大抵後人追記而已曰霸曰僞皆非其實也按後漢書班固傳稱撰平林新市公孫述事爲載記史通亦稱平林下江諸人東觀列爲載記又晉書附敍十六國亦云載記是實立乎中朝以敍述列國之名今採吳越春秋以下述偏方僭亂遺跡者準東觀漢記晉書之例總題曰載記

按七錄僞史以收偏霸之書隋志改爲霸史於義尤允曰僞曰霸要不免尊卑之見以別於正雜諸史門戶之見本爲分類法所不許前已具論四庫以漢記晉書所稱載記立乎中朝以收吳越春秋越絕諸書益去本義遠矣且載記之名反不足以見其爲僞爲霸夫諸史百家何一而非載記其名雖有來因而分類表中實無存在之價值也

時令類四之十一

時令諸書所以本天道之宜以立人事之道易曰先王以治曆明時大抵農家日用閭閻風俗爲多隋志四人月令幷入農家原無不可四庫別立時令一門以爲民事卽王政也故以入史部不知時令有便農時者自當入農閭閻風俗自當入史其有專論時令之書則又當入天文類矣分類之法首當重義今以時令之名而不別其所論者是辨體之誤也

地理類四之十二

周官夏官司險掌建九州之圖周知山林川澤之阻達其道路地官誦訓掌方志以詔觀事以知地俗春官保章以星土辨九州之地所封之域以觀祅祥夏官職方掌天下之圖地辨四夷八蠻九貉五戎六狄之人與其財用九穀六畜之數周知利害辨九州之國使同其貫司徒掌邦之土地之圖與其人民之數以佐王擾安邦國周知九州之域廣輪之數辨其山林川澤丘陵墳衍原隰之名物及土令之法是地理之司爲官之職由來古矣漢志無史部以山海經宮宅地形諸書入形法謂形法者大舉九州之勢以立城郭室舍形人及六畜骨法之度數漢志形法敍阮錄有土地隋志改爲地理四庫因之

四庫編類首宮殿疏尊宸居也次總志大一統也次都會郡縣辨方域也次河防次邊防崇實用也次山川古蹟次雜記次遊記備考核也次外紀廣見聞也四庫地理類敍分類極爲精當史部各類以此爲冠惟於地方郡志未能依其前後遠近因地編次於遊記雜記之類亦不明以地方爲主以記體爲副之意是亦由於辨體而不辨義之誤也

職官政書類四之十三

隋唐諸志有舊事職官儀注刑法諸目以收朝廷典政之書周官御史掌治朝之法太史掌萬民之契約與質劑以逆邦國之治其後漢蕭何定律令張蒼次章程叔孫通制儀法條流派別制度益廣隋志以不足經遠者爲法令施行制度者爲令品式章程者爲故事故事者卽舊事也然其所收有西京雜記尙書大事桓玄僞事東宮典禮諸書未知有與雜史儀注刑法相混否至品式章程既爲故事而隋志舊事類無律令章程未知何故

漢書有百官表以列衆職之名記在位之次隋志有職官篇四庫則以唐宋以來一曹一司之舊事與儆戒訓誥之詞釐爲官制官箴二子目（見四庫職官類叙）較爲得體然四庫既有政書一類則職官自當入政書令別爲一門體制不合

儀注乃儀禮之流隋志曰儀注之興其所由來久也自君臣父子六親九族各有上下親疏之別養生送死弔恤賀慶則有進止威儀之數唐虞以上分之爲三在周因而爲五周官宗伯所掌吉凶賓軍嘉以佐王安邦國親萬民而太史執書以協事之類是也（隋志述儀注篇之緣起）是儀注所記卽儀禮通禮也四庫改爲典禮較妥然經部禮類既入通禮雜禮而政書又見典禮則其分類部居之標準亦難定矣

刑法者所以懲罪惡齊不軌也唐虞之世五刑有服周有司寇司刑太史內史諸官以治邦國漢初蕭何定律令張蒼制章程其後律令無代無之四庫分類改爲法令隋志所收有漢朝駁議諸王奏事魏臣奏事魏臺詔議南臺奏事唐志列爲故事鄭樵譏其見名不見書

以上諸類職官而外四庫據錢溥秘閣圖書書目統歸政書別爲六子目曰通志典禮邦計軍政法令考工是猶今日之政治社會經濟軍事法律工程諸學也然豈以政治有史而遽爾入史乎經濟有史而遽爾入史乎然則通論政治經濟之書將何屬耶是皆因我國分類之學向未離書而獨立以爲祖宗創法奕葉愼守是爲一朝之故事後鑑前師與時損益是爲前代之故事史家著錄大抵前代事也（四庫政書類序）此固當日所見與吾人不同原未可厚非也

目錄類四之十四

古者史官司守典籍蓋有目錄以爲綱紀自是目錄之書咸入史部然其書有經有史有子有集宜入總類自來部次均不知有總類之設是誤於考鏡源流之一語也四庫目錄分爲經籍金石二子目較諸隋唐諸志以金石入小學以畫譜書目相混爲得體也然金石爲藝術不能以書名爲目錄而强入史部也夫然則草木之名亦有目錄豈可與經籍并列耶是又辨體而

不辨義之誤也

且也目錄之體有藝文校讎之類有考證補遺之類有題跋疏解之類有私家藏書之類有引用書目之類有版本年代之類有書品章志之類有藏書典守之類有專書目錄之類其種類之多不勝枚舉豈可以經籍一類總之耶是分類簡略之弊也

史部總論四之十五

總之史部之弊在一以體裁爲制無復辨章學術之意四庫史部分類十五以正史爲綱以編年紀事本末別史雜史詔令奏議傳記史鈔載記爲紀傳之參考以時令地理職官政書目錄爲諸志之參考以史評爲論贊之參考似亦言之成理持之有故然時令地理職官政書而外均以體分於義無有夫史者時也孔子曰殷因於夏禮所損益可知也周因於殷禮所損益可知也此言歷代史乘莫不相因史遷所記上自三代下訖炎漢班氏漢書雖曰斷代亦以時次明乎繼百王之末也故史部之書自當一以時次然後殷因於夏禮可得而考焉周因於殷禮可得而考焉歷代沿革可得而見焉時勢消長可得而見焉俾後世學者可以尋委溯源順應時變其同代之書以卷帙浩繁再爲正雜之別鈔評之分以便學者原無不可令不此之務一

以體次至求漢代史者於正史中有之於別史中有之於雜史中有之於紀事本末中有之於載記中有之爲學之道豈若是哉

自來目錄學者好爲門戶尊卑之見故曰古之史策編年而已周以前無異軌也司馬遷作史記遂有紀傳一體唐以前亦無異軌也（四庫紀事本末類序）史部分類曰正曰僞校讎家言無不曰某書宜入某類出某類某類宜居前某類宜移後某類宜增某類宜減曾不論類之爲類是否稱允史部立類以何爲準各類部居以何爲次至陷於辨體而不辨義之弊必曰正源流別正僞亦宜於各代爲之如漢史一類以漢書之類爲正史以漢紀之類爲編年以漢帝紀之類爲雜史尙不失辨章學術之意指導爲學之方今乃賓主不分輕重失宜竊嘆先賢不思之甚也

史部職官當入政書前已有論隋志刑法如梁律隋律齊令條格等書自當另立法律一門四庫改爲法令隸於政書原無不可第政書亦非史部當自爲部分爲政治經濟社會法律諸科不可以其原出史官同隸史部也若以此爲考鏡源流之說則百家九流出於王官亦當同爲史部耶

四庫史部地理而外無外紀謂間存一二外國之作前史罕載然既歸王化卽屬外臣不必分

疆絶界四庫總目凡例此我國士子自大之詞溢于言表目無世界殊堪發噱後人知其然也乃於史部之末附以東洋史西洋史萬國史之屬然既有外國史而無本國史於正史雜史之名未加考慮而自爲創見是亦足爲識者所笑

是故史部門目傳記而外無一可存者其釐定條別是有待於後學者矣

校讎新義卷四終

校讐新義卷五

南海杜定友撰

子部第五

子部源流論五之一

昔仲尼沒而微言絕七十子喪而大義乖故春秋分爲五詩分爲四易有數家之傳戰國從衡眞僞分爭諸子之言紛然殽亂（漢書藝文志敍）漢志十家叙謂諸子皆起於王道既微諸侯力政時君世主好惡殊方是以九家之說蠭出並作各引一端崇其所善以此馳說取合諸侯其言雖殊辟猶水火相滅亦相生也仁之與義敬之與和相反而皆相成也易大傳曰天下一致而百慮同歸而殊途是諸子之學其原一也

夫子男子之稱董仲舒謂未踰年之君稱子（春秋繁露）古稱師亦曰子如公羊傳中有子沈子子司馬子之類後世尊其人遂以子名其書大氐子部之書必持之有故言之成理卓然成一家言者太史公論六家並舉陰陽儒墨名法道德（史記論六家要旨）莊子天下篇於儒家外有彭蒙田駢愼

到墨翟禽滑釐老聃惠施公孫龍之輩漢志別九流有儒家有道家有陰陽家有法家有名家有墨家有縱橫家有雜家有農家而小說家附焉荀勗四部子居弟三有古諸子近今諸子兵書兵家術數隋志子類十四一儒二道三法四名五墨六縱橫七雜八農九小說十兵十一天文十二曆數十三五行十四醫方唐之四庫子部包羅最廣子目凡十七卽儒道并神仙釋氏法名墨縱橫雜農家小說天文曆算兵五行藝術類書明堂經脈醫術是也清之四庫以儒家之外有兵家有法家有農家有醫家有天文算法有術數有藝術有譜錄有雜家有類書有小說家其別敎則有釋家有道家敘而次之凡十四類

江瑔曰分類之難不難於經史集而難於子蓋經史集三類頗有畛域易於判別若子類則無畛域之可言判別維艱故古人或分或合議論紛然莫衷一是又曰竊謂古今圖書皆所以達意而明理原六通四辟而非判若鴻溝有一定之界限故言其小者則同爲儒家而有孟荀同爲道家而有老莊同爲法家而有申韓同爲禮學而有鄭王同爲性理而有朱陸各明一義不可强同若言其大實無往而不通學者特立四部而以經史子集統之原爲未當惟學者爲以簡御繁起見提綱挈領舉其大以統小本爲不獲已之苦心則以術數方技諸類附於子部之

後亦無大害然以之與周秦諸子相較而並觀則淵源各別擬非其類而失諸子之眞矣（江瑔讀子巵言）

夫諸子爲六經之支與流裔章學誠文史通義詩教曰戰國之文其流皆出於六藝何謂也曰道體無所不該六藝足以盡之諸子之爲書其持之有故言之成理者必有得於道體之一端而後乃能恣肆其說以成一家言也所謂一端者無非六藝之所該故推之陰皆得其所本非謂諸子果能服六藝之敎而出辭必衷於是也老子說本陰陽莊列寓言假象易敎也鄒衍侈言天地關尹推衍五行書敎也管商法制義存政典禮敎也申韓刑名旨歸賞罰春秋敎也其他楊墨伊文之言蘇張孫武之術辨其源委挹其旨越九流之所部七錄之所敘論皆於物典人官得其一致而不自知爲六典之遺也秦漢之際百學在官故漢志敘論必曰某家者流蓋出於某某之官明其官師傳受之責也而江瑔以道家爲百家所從出故曰春秋戰國以前學在官而不在民自史官失守而百家之學卽聯鑣而齊起並轡而交馳乎非也其起也有先後焉有程序焉有遞嬗相生之道焉蓋言其末流並轡聯鑣各不相謀而溯其初起之源則實統於一一者何卽道家是也道家者上所以接史官之傳下所以開百家之學者也（讀子巵言卷二）然則

百家之學其源或出於經或出於史或出於道要其必成一家言者然後所以爲子書自劉班以後諸子體例益滋淆亂後世子部更龐雜不經夫古之學術有道器之分形而上者謂之道形而下者謂之器諸子之學所謂道者也爲無形之學術數方技所謂器者也虛理實事義不同科此言類例者不可不辨者也茲依次論之然後詳其得失

儒家五之二

儒家尙矣自來子部著錄必首敘諸儒蓋以能助人君順陰陽明敎化者也遊文於六經之中留意於仁義之際祖述堯舜憲章文武宗師仲尼以重其言於道最爲高（漢志儒家類敘）後世儒學寖衰講衆取寵各執一端以唱所學而門戶朋黨立焉近有濂洛關閩四派

古者通天地人曰儒周官大宰儒以道得民與師對舉又大司徒四曰聯師儒是儒爲術士之稱有道德有道術之通名不特儒家得稱爲儒卽諸子百家無一而非儒也雖儒行見於禮記君子儒見於論語然孔門未嘗標儒之目舉以自號墨子雖有非儒之篇然亦泛指當時之儒者言之亦猶孔子勿爲小人儒之意乃九流之目首列儒家一似非孔門之士不足以獵斯號也者何也大氐所謂儒家者本於周官儒以道得民之一語謂儒卽以六藝敎民之保氏（鄭注）孔

門傳六藝之學故加以儒之號然六藝爲上古三代之史爲當世所共有非孔門所得而私且孔門之六藝實傳於道家之老子不以名其師反以名其弟子亦未合於理也故竊以謂儒爲學士通稱不能獨加於孔門之士與八家並列乃後世强謂儒爲孔子之道（淮南子俶眞篇注）又謂能說一經者謂之儒生（論衡超奇篇）質諸孔門何有是哉（江瑔讀子卮言論九流之名稱）

是故儒家一名本難以立觀四庫所取其龐雜可知蓋提要作者本無分類標準可言儒雜之分在乎其人而不在乎其學褒之貶之本無所據惟以孔門弟子尊之爲儒以遂其尊聖衞道之念而已所謂非客觀之分類也竊嘗論之儒爲通學之稱儒者所研必有一得所謂道之一端是也儒者所論修身齊家治國平天下以今日之分科言之則有屬於哲學者矣有屬於倫理者矣有屬於心理者矣有屬於政治者矣有屬於經濟者矣分類之司將有以考鏡源流辨章學術乃爲得體如桓寬之鹽鐵黃虞稷以入史部食貨類之類蓋爲知本四庫以小學集注與朱子語錄並列讀書分年日程與理學類篇讀書錄大學衍義世緯人譜諸書雜於儒家直不知儒者所以爲儒爲不儒矣四庫儒家敍附論謂顯以佛語解經者則斥入雜家其褒貶之意盡見斥字夫釋道旣自成家則入釋可也互諸考證以輔正經之例亦可入經今乃斥入雜

家未見其可也猶之四書既成一書而大學衍義中庸衍義均入儒家乃不知分類爲何物也總之尊儒之念自董仲舒對賢良策請諸不在六藝之科孔子之術者皆絕其道勿使並進於是諸氏之學皆援儒而後入說揚雄曰好書而不要諸仲尼書肆也好說而不要諸仲尼說鈴也（法言吾子篇）提要作者尊其人則謂之儒否則斥諸雜於是儒道益衰去古之意遠矣言治書者將有以重訂標準析其流別以正本清源乎

兵家五之三

七略漢志兵書術數自爲一略荀勗四部並歸景部而諸子兵書各自爲目章學誠謂七略以兵書方技數術爲三部列於諸子之外考諸子立言以明道兵書方技數術皆守法以傳藝虛理實事義不同科故也（校讎通義七之五）自四部而後乃並入子部隋志殿於小說家後四庫位於儒家之次所謂有文事者有武備也考兵家與陰陽五行風雲術數相出入要爲生聚訓練之術權謀運用之宜當不可以爲一家言故劉班別於諸子明乎辨章學術之義也章學誠以孫吳諸書與方技略中內外諸經卽諸子略中一家之言所謂形而上之道也兵書略中形勢陰陽技巧三條與方技略中經方房中神仙三條皆法術名數所謂形而下之器也（同上十之四）則又不

知其本也夫兵既爲守法以傳藝則自當與形勢陰陽技巧相類次然後可以求兵家之全今妄以道器分之豈得謂宜四庫所收如戚繼光練兵實紀守城錄何良臣陣紀王瓊西番事蹟之類自非一家之言而謂爲非兵可乎

所謂形而上者卽今之哲學也窮天地之原究人生之義寄想於無朕役志於無涯顯之家國天下之大隱之身心性命之微江瑔語所謂純粹無形之學也孫吳司馬豈得謂道而列於子乎

抑尤有進者虛理實事義不同科純虛純實自當分別故有哲學與科學之別以顯其異然科學之中不能絕無原理故政治有哲學敎育有哲學軍事有哲學歷史有哲學分類至此不能因其爲哲學而入哲學此所謂辨義而不辨體者也否則詩有史焉馬有史焉亦將同入史乎是故孫吳兵法雖純以論兵爲主而其言兵也一學誠以孫吳入子後世以兵家兵書陰陽形勢入子誠不思之甚也

漢志以兵書自爲一略別於諸子其辨章學術之道甚明自隋志而後開辨體而不辨義之例目錄學家動言辨章學術考鏡源流而不自知離題萬丈故目錄學中間有一二語如考鏡源流虛理實事之類言之最易動聽行之最易致誤此不可不愼者也

法家五之四

易曰先王以明罰飭法法者古人君所以禁淫慝齊不軌而輔於治也四庫謂觀管仲諸家可以知近功小利之隘觀商鞅韓非諸家可以知刻薄寡恩之非鑒彼前車卽所以克端治本太史公曰韓子引繩墨切事情明是非其極慘礉寡恩皆原於道德之意（史記老莊申韓合傳）是故刑名之學出於理官而法本於治以今日言之則純爲法律政治科也觀四庫所收管韓鄧商之外有和凝疑獄集傳霖刑統賦劉筠刑法敍略宋慈洗寃錄唐律文明法會要錄可知法也按史部政書有法令一門則法家之書於斯爲近古無法律之學更無法意之名以法家列於諸子原不得已也

政書不屬史部前已具論虛理實事義不同科亦詳兵家近世律典之書層出不窮宜乎另立一門以位置之不能濫入子也

農家五之五

農家條目至爲蕪雜諸家著錄大抵輾轉旁牽因耕而及相牛經因相牛經而及相馬經相鶴經鷹經蟹錄至於相貝經而香譜錢譜相隨入也因五穀而及圃史因圃史而及竹譜荔支譜

橘譜至於梅譜菊譜而唐昌玉蘂辨證揚州瓊花譜相隨入也因蠶桑而及茶經因茶經而及酒史糖霜譜至於蔬食譜而易牙遺意飲膳正要相隨入也（四庫農家類序）古無動植物家政諸科故其輾轉旁牽勢所然也子曰所重民食則畜牧漁獵本屬於農即時令氣象亦有關於農者正宜條別列爲子目以利農事今以條目蕪雜逐類汰除謂爲惟存本業用以見重農貴粟之義豈云當哉

四庫以諸經譜錄出農入譜是又誤於辨體而不辨義容當詳論

按農家條目至爲繁夥四庫以圖書簡短故不列分目原未可厚非但以言分類則非條分縷析不足以該括一切草木有別五穀有敍其餘井田經濟氣象地質於農尤重必一一著而錄之然後便於研討蓋分類法者所以聚同類之書合於一隅其互相關係之書系於一統則言農事庶可以旁通引徵網羅一切分類者不可不於此三致意焉

再農實事也先民播百穀勸耕桑以足衣食故爲八政之一于子何有故以農家入子爲不當

醫家五之六

四庫謂明制定醫院十三科頗爲繁碎而諸家所著往往以一書兼數科分隸爲難今通以時

代爲次（四庫醫家類敍）考漢志方技略有醫經經方房中神仙四門後世著錄門類益增分類之法自當與時俱進夫醫有內外之別婦孺之分明周定王橚撰普濟方四百二十六卷凡一千九百六十論二千一百七十五類七百七十八法六萬一千七百三十九方二百三十九圖本草一目（明李時珍本草綱目五十二卷）凡二千六部六十二類一千八百八十二種素問靈樞分爲攝生陰陽藏象脈色經絡標本氣味論治疾病鍼刺運氣會通十二門而藥有八陣曰補曰和曰寒曰熱曰固曰因曰攻曰散（張介賓景岳全書六十四卷）清徐大椿論醫學源流其大綱凡七曰經絡臟腑曰脈曰病曰藥曰治法曰書論曰古今分子目九十有三是則醫學門類亦繁夥矣雖有一書兼及數科者豈無一書專論一門者耶自當別條而列之然後言病者不與言藥者混言傷寒者不與言疹痘相混身體百肢各有其位飲食疾病各有其方庶有助於學者探討檢查之利便焉今總以時次豈明分類者哉

四庫又曰漢志醫經經方二家後有房中神仙二家後人誤讀爲一故服餌導引歧塗頗雜今悉刪除考漢志曰房中者情性之極至道之際是以聖王制外樂以禁內情而爲之節文傳曰先王之作樂所以節百事也樂而有節則和平壽考及迷者弗顧以生疾而隕性命神仙者所

以保性命之眞而遊求於其外者也聊以盪意平心同死生之域而無怵惕於胸中今漢志之書均亡內容不可得而考惟千金方中略傳房中術尙不至于誕欺怪迂而近世婚姻哲嗣節育生理衞生之學亦多與醫術相發明者正宜別其去取未可悉從删焉

醫家亦非子書理與農同

天文算法家五之七

易曰觀乎天文以察時變天文者序二十八宿歲時日月星辰也古無純粹天文之學其職在史其用在政故雜以陰陽凶吉之象大抵三代以上之制作類非後世所及惟天文算法則愈闡愈精容成造術顓頊立制而測星紀閏多述帝堯在古初已修改漸密矣洛下閎以後利瑪竇以前變化不一泰西晚出頗異前規門戶搆爭亦如講學然分曹測驗具有實徵終不能指北爲南移昏作曉存古法以溯其源秉新制以究其變古來疏密釐然具矣若夫占驗禨祥卒多詭說鄭當再火禆竈先誣舊史各自爲類今亦列入術數家惟算術天文相爲表裏明史藝文志以算術入小學類是古之算術非今之算術也今核其實與天文類從焉（四庫天文算術類敍）

四庫分類以天文算術爲最精確新舊兼賅以明源流中西兩法權衡歸一明乎學術之無國

界也故類書者當以學術爲主不以新舊中西爲別也四庫以天文算術爲表裏所論甚當然各類不列子目無乃苟簡此則歷代目錄學家均同此病未可以專責四庫也

漢志曆譜隋志曆數以序四時之位正分至之節會日月五星之辰以考寒暑殺生之實是亦天文也惟宜於天文之下另立子目令四庫與天文雜書相混苟簡之故也算術與天文不合

謂數爲六藝之一百度之所取裁也天下至精之藝如律呂推步皆由是以窮要眇而測量之術尤可取資故天文無不報算書算書雖不言天文者其法亦通於天文二者恆相出入蓋流別而源同今不入小學而次于天文之後其事大从所重也不與天文合爲一其用廣又不限於一也（四庫算術類案語）

天文算術亦非子書與儒道名墨未可並列蓋推步之書未可謂爲一家言也

術數藝術類五之八

術數原本於易漢志術數自爲一略有子目六天文曆譜五行蓍龜雜占形法是也四庫出天文曆譜而別爲數學占候相宅相墓占卜命書相書陰陽五行甚當但術數之書與兵書家天文形法相出入而于易尤多如京氏易傳漢志載於六藝爲施孟梁丘京氏四家之一今以入

術數謂其書雖以易傳爲名而絕不詮釋經文亦絕不附合易義（京氏易傳條下）可見從義不從名之意準是以談則經部祇限於傳經之作尤不失孔門弟子尊經之意惜目錄學者未能始終守一故根據不定而門類滋亂耳

藝術類以字學書品爲二事持論極是至謂琴本雅音舊列樂部後世俗工撥捩率造新聲非復淸廟生民之奏是特一技耳（四庫藝術類敍）是猶京氏易傳不入易經之意而前者以義後者以古今尊卑而別則其用意又不同矣類書無用其褒貶前已言之矣

藝術類分書畫琴譜篆刻雜技四屬尙覺得當但書畫當別爲二琴譜不能包音樂之全體篆刻偏於摹印不若雕刻之爲廣闊凡此種種皆有待於詳細分析者焉

術數藝術均非子書漢志已有其例今不復具論

譜錄類五之九

四庫譜錄序曰劉向七略門目孔多後世併爲四部大綱定矣中間子目遞有增減亦不甚相遠然古人學問各守專門其著述具有源流易於配隸六朝以後作者漸出新裁體例多由創造古來舊目遂不能該附贅懸疣往往牽强隋志譜系本陳姓族而末載竹譜錢圖唐志農家

本言種植而雜列錢譜相鶴經相馬經鷙擊錄相貝經文獻通考亦以香譜入農家是皆明知其不可而限於無類可歸又復窮而不變故支離顛舛遂至於斯惟尤袤遂初堂書目創立譜錄一門於是別類殊名咸歸統攝此亦變而能通矣今用其例以收諸雜書之無可繫屬者門目既繁檢尋亦病於瑣碎故諸物以類相從不更以時代次焉案四庫譜錄類分器物食譜草木鳥獸蟲魚三屬

四庫所言似深明于類例者矣劉向七略門目未見其多後世著錄漸出新裁正宜及時推廣而四部反從荀簡鄭樵譏之甚當四庫謂窮而不變故支離顛舛正是此意後人矢意守舊四部而外無敢或有增者可謂不知變矣尤袤首敍譜錄四庫以爲知變然未見其能通也夫譜錄爲著述之體而類例首當從義古無製造術動植物學之名亦當取其相當者代之今惟着眼於圖譜經說史錄之體雖云各物以類相從而根本誤矣唐志文獻通考以相馬經相鶴經香譜入農猶不失辨義之意今則不問內容惟以譜錄之體統攝於此故其爲不通也

諸物以類相從更不以時代爲次此論甚是然各類標明題目方見清醒四部各類亦多有不應以時代爲次者何見於此而不見於彼也

譜錄之書附於子部亦無當理

雜家五之十

漢書藝文志曰雜家者流蓋出於議官兼儒墨合名法知國體之有此見王治之無不貫此其長也（雜家敘論）四庫以墨家僅墨子晏子二書名家僅公孫龍子尹文子人物志三書縱橫家僅鬼谷子一書亦別立標題自爲支派此拘泥門目之過也黃虞稷千頃堂書目於寥寥不能成類者併入雜家雜之義廣無所不包班固所謂合儒墨兼名法也變而得宜於例爲善今從其說（四庫雜家類敍）不知四庫誤矣班固之所謂合儒墨兼名法者以其學之廣且雜也不然諸子略中既有儒名墨法諸家又何故兼有雜家哉四庫不解兼合二字誤也況荀子有儒墨並稱梁書有抑揚孔墨之語則墨氏之學卓成一家言初不以書少而不成家也

章學誠曰儒分爲三墨分爲八則儒亦有不合聖人之道者矣此其所以著錄之書貴知原委而又當善條其流別也賈生之言王道深識本原推論三代其爲儒效不待言也然其立法創制條列禁令則是法家之實其書互見法家正以明其體用所備儒固未足爲榮名法亦不足爲隱諱也後世不知家學流別之義相率而爭於無益之空名其有列於儒者不勝其榮而次

以名法者不勝其辱豈知同出聖人之道而品第高下又各有其得失但求名實相副爲得其宜不必有所選擇而後其學始爲貴也漢志始別九流而儒雜二家已多淆亂後世著錄之人更無別出心裁紛然以儒雜二家爲蛇龍之菹焉凡於諸家著述不能遽定意指之所歸愛之則附於儒輕之則推於雜夫儒雜分家之本旨豈如是耶（校讐通義十四之五）

江瑔曰雜家之學兼儒墨合名法而兼取各家之長大抵諸子之書不能屬於各專家者可以隸於雜家此在學者分析學術之派別以寓天下之羣書其於各有專家之名者既各從其類若夫既無專名又不能附於各家之下則不能不以雜家之名統括之此誠不得已之苦心然既曰雜則並蓄兼收宗旨必不純一古之名爲一家之學者必有純一之宗旨以貫澈其初終既雜矣何家之可言雜則非家家則不雜未可混而一之既曰雜又曰家則不辭之甚況雜家之學出於議官名之曰雜與議官之意何涉是則雜家之名於理亦未當矣（讀子卮言論九流之名稱）

雜家之不通江章二子慨乎言矣案雜家卽總雜類之意今之言分類者每有條析之文必冠以總類以括羣目殿以雜類以載支流然後體例周詳羣書可寓而自來目錄學者從無及此諸子雜家既不冠于前又不殿於後四庫更以名墨專家倂入雜家豈可以言類例哉

雜家類以立說者謂之雜學辨證者謂之雜考議論而兼敘述者謂之雜說旁究物理臚陳纖瑣者謂之雜品類集舊文塗兼衆軌者謂之雜纂合刻諸書不名一體者謂之雜編

名家者流蓋出於禮官古者名位不同禮亦異數孔子曰必也正名乎名不正則言不順言不順則事不成此其所長也墨家者流蓋出於淸廟之守茅屋采椽是以貴儉養三老五更是以兼愛選士大射是以上賢宗祀嚴父是以右鬼順四時而行是以非命以孝視天下是以上同此其所長也縱橫家者流蓋出於行人之官孔子曰誦詩三百使於四方不能專對雖多亦奚以爲又曰使乎使乎言其當權事制宜受命而不受辭此其所長也（班固語）可見名墨縱橫皆各具本原四庫以寥寥無幾不足自成一家均以爲雜學是不知有家法也豈知後世之無名墨縱橫之書哉

考證經義之書始於白虎通義蔡邕獨斷之書至唐而資暇集刊誤之類爲數漸繁至宋而容齋隨筆動成巨帙其說大抵兼論經史子集不可限以一類四庫彙而編之命曰雜考案容齋隨筆十六卷續筆十六卷三筆十六卷四筆十六卷五筆十卷宋洪邁撰其中自經史諸子百家以及醫卜星算之屬凡意有所得卽隨手札記誠難乎難矣其書既四部皆有不能獨歸於

子其理甚明

雜說之源出於論衡其說或抒己意或訂假譌或述近聞或綜古義後人沿波筆記作焉大抵隨意錄載不限卷帙之多寡不分次第之先後興之所至即可成編故自宋以來作者至夥案筆記之屬有言文事者有記史乘者有志怪異者有總言各類者正宜按類分隸而別存總類今總而彙之非分類之當也

四庫以專明一事一物者皆別爲譜錄其雜陳衆品者自洞天淸錄以下並爲雜品一類謂既爲古所未有之書不得不立古所未有之義（四庫雜家雜品之屬案語）雜品與譜錄其內容既屬相同不過記事多寡之別正宜併歸一類而別爲子目今作此豪語能不令有識者笑耶

雜纂雜編之類皆摭採衆說以成編者或以數人之書合爲一編而別題總名者或編一人之書合爲總帙者要皆叢書彙書之祖今既不入類書又不立叢書而列於雜家之中未知何解總之雜家不成家無家不成子其條別釐定不可省矣

類書論五之十一

類事之書兼收四部而非經非史非子非集亦經亦史亦子亦集皇覽始於魏文晉荀勗中經

分隸何門今不可考隋志子部雜家有雜書鈔四十四卷論集八十六卷（殷仲堪撰）皇覽一百二十卷（繆卜等撰）類苑一百二十卷（劉孝標撰）科錄七十卷（元暉撰）謂爲材少而多學言非而博是以雜錯漫羨而無所指歸（隋志子部雜家學論）而於類書入子之由未嘗言之通考經籍志以類書入子部通志藝文略類書自爲一類四庫全書總目仍入子部謂胡應麟作筆叢始議改入集部然無所取義徒事紛更則不如仍舊貫矣（四庫子部類書類敍）考類書之體如太平御覽初名太平類編太平興國二年三月翰林學士李昉奉敕撰八年書成詔曰史館新纂太平總類包羅萬象總括羣書紀歷代之興亡自我朝之編纂用垂永世可改名爲太平御覽帝每聽政之暇日讀御覽三卷有故或闕即追之雖隆冬短景必及其數大臣請少息帝曰朕開卷有得不以爲勞也凡諸故事可資風教者悉記之及延見近臣必援引談論以示勸戒焉（太平御覽卷首按語）書凡一千卷總五十五部引用圖書凡一千六百九十件外有古律詩古賦銘箴雜書等類不計可見引徵浩博非四部所能該不可以列于四部之內也

張文襄以叢書自爲一類附於四部之後不知叢書類書者爲總衆類也當冠於經史子集之首而自成一部另分子目然後可以總括羣書提綱挈領歷來目錄學者以書之分類與學之

分類相混蓋學術之分爲七畧四部有可說焉書之分爲七畧四部不可通也古有類書之書而無類書之學此其明證歟

抑類書者編書之體也鄭章嘗言之矣漁仲曰歲時自一家書如歲時廣記百十二卷崇文總目不列於歲時而列於類書何也類書者總衆類不可分也若可分之書當入別類且如天文有類書自當列天文類職官有類書自當列職官類豈可以爲類書而總入類書類乎（校讐略編次之訛論）實齋曰類書自不可稱爲一子隋唐以來之編次皆非也然類書之體亦有二其有源委者如文獻通考之類當附史部故事之後其無源委者如藝文類聚之類當附集部總集之後總不得與子部相混淆或擇其近似者附其說於雜家之後可矣（校讐通義二之五）二子之言均是也鄭氏以類書之不可分者自立一類蓋深明乎編書之體也但不知擴爲總類以括衆體如叢書雜纂雜編等均是也類書其一體耳蓋學有百家書有百體分類之法自當以體學爲準繩不能絲毫牽强而吾國目錄學者對分類之學無根本認識此所以謂中國無分類法也

類書之可分者當列入各類鄭章均如是也然當於每類之下各爲子目以淸類例章氏謂附於某某之後尤未深明類例之法

類書猶類人也以色論則有紅黃白黑則四色之外必有雜者焉若必以四者爲限其可得乎從來圖書之編纂有總有雜有分科今祇言其分不言其合豈云當哉

祁承㸁曰夫類書之收於子也不知其何故豈以包宇宙而羅萬有乎然而類固不可以概言也如山堂考索六經之源委纖備詳明是類而經者也杜氏通典馬氏通考鄭氏通志歷朝令甲古今故典實在於此是類而史者也又如藝文類聚之備載詞賦合璧事類之詳引詩文是皆類而集矣又如一人一時偶以見聞雜筆成書無門類可分無次第可據如野客叢談戴氏鼠璞夢溪筆談丹鉛諸錄學圃藼蘇焦氏筆乘之類既不同於小說亦難目以類書此正如王元美所謂騷與詩賦若竹與草木自爲一類者也余謂宜名以雜纂而與類書另附四部之後是又一見也（澹生堂藏書約鑒書訓）類書非子諸賢先我而言也

小說類五之十二

漢志小說家者流蓋出於稗官街談巷語道聽塗說者之所造也孔子曰雖小道必有可觀者焉致遠恐泥是以君子弗爲也然亦弗滅也閭里小知者之所及亦使綴而不忘如或一言可采此亦芻蕘狂夫之議也四庫曰若夫語神怪供詼啁里巷瑣言稗官所述則別有雜家小說

家存焉（雜史類敘）又曰稗官所述其事末也用廣見聞愈於博奕故次以小說家（子部總敘）又曰卽其流別凡有三派其一敘述雜事其一記錄異聞其一綴輯瑣語也唐宋而後作者彌繁中間誣謾失眞妖妄熒聽者固爲不少然寓勸戒廣見聞資考證者亦錯出其中（小說家類敘）然則古之小說異乎今之小說也其敘瑣屑之事紀載之事也彙叢脞之談諸子之餘也（章學誠語見和州志言類例者）自當辨其內容而歸入各類可也其有不屬於史子者如筆記瑣聞怪異詼諧之類則當於集部中見焉

小說家入子非也案子之爲名本以稱人因以稱其所著必爲一家之言乃當此目（雜史類戰國策注案語）今小說所載閭巷瑣語既非一家之言又不得其主名所謂子者安指乎

小說體制多屬文學正宜條別內容詳編子目以合類例其不屬於文學者亦當體察類別而歸入之此言類例者所不可不注意者也

釋道論五之十三

王儉七志其道佛附見合爲九條隋書謂其不述作者之意但於書名之下每立一傳而又作九篇條例編乎首卷之中文義淺近未爲典則梁阮孝緒以七志實爲九條未合七數乃合子

兵併陰陽術藝刪圖譜一志而以佛道二錄爲外篇隋志四部經史子集而外更論道經佛經附於集後而不與四部並列曰道佛者方外之敎聖人之遠致也俗士爲之不通其指多離以迂怪假託變幻亂於世斯所以爲弊也故中庸之敎是所罕言然亦不可誣也故錄其大綱附于四部之末（隋志道佛論）

四庫錄二氏於子謂同阮孝緒例（四庫釋家類敍）實則非也阮錄佛道各自爲錄並非附子可比蓋道佛之言精微超絕爲敎之遠者若以外方之來卽斥爲外學或以儒者罕通卽摒諸部末此豈論學之道哉尊聖衞道之念所致之也

阮孝緒以佛道各自爲錄與諸子文翰並行具見卓識惟宗敎一門道佛而外尚有其他宜合佛道於一門而別爲子目以明類例總之分類法在總括羣書而不以現有者爲限以書爲限者分類目錄而已非分類法也前人均不辨此二事故有此誤若就分類目錄觀之則無書卽無目原未可視爲不當也（目錄與分類之別詳類例第一及編次第七）

子部總論五之十四

總之子部之弊其病在雜夫經以載道子以立言江瑔曰古人著書必持之有故言之成理卓

然成一家言而後可以名曰子書唐宋以後諸子道衰類書繁起鈔胥是務勦襲相因亦裒然列名於子部之中子書之體不明先民之緒遂湮無惑乎諸子百家之學響沈景絕於後世而綴學汲古之士所以侐然而懼也（讀子卮言論子部之沿革興廢）子爲無形之學即近世之哲學理學也子部所收術數藝術神仙房中於言何有原不應入子近人章太炎更倡以科學入子者是更不知子爲何物矣

四庫子部之序以儒家尙矣有文事者有武備故次之以兵家兵刑類也唐虞無皐陶則寇賊姦宄無所禁必不能風動時雍故次以法家民國之本也穀民之天也故次以農家本草經方技術之事也而生死繫焉神農皇帝以聖人爲天子尙親治之故次以醫家重民事者先授時授時本測候測候本積數故次以天文算法以上六家皆治世之所有事也百家方技或有益或無益而其說久行理難竟廢故次以術數遊藝亦學問之餘事一技入神器或寓道故次以藝術以上二者皆小道之可觀者也詩取多識易稱制器博聞有取利用攸貞故次以譜錄羣言歧出不名一類總爲薈萃皆可採摭菁英故次以雜家隸事分類亦雜言也舊附於子今從其例故次以類書稗官所述其事末矣用廣見聞愈於博奕故次以小說家以上四家皆旁資

考證者也二氏外學也故次以釋家道家終焉（四庫子部總敘）

儒家以下六家爲治世之具則經史集中均不可以之治世者耶史部政書何爲也術數藝術既稱小道豈可以入子雜家合名墨縱橫自亂家法而謂爲可充旁資考證豈得爲當二氏外學妄生分別於義未妥總之自來言分類者莫不以子部爲蛇龍之菹凡於經史集不安者均以入子於是子部雜矣

校讐新義卷五終

校讐新義 卷六

南海杜定友撰

集部第六

集類源流論六之一

漢志序詩賦爲五種蓋自孝武立樂府而采歌謠於是有代趙之謳秦楚之風皆感於哀樂緣事而發亦可以觀風俗知厚薄云漢志敍錄每類之後必有論例而詩賦略無之惟自屈原賦以下二十五家爲一種陸賈賦以下二十一家爲一種孫卿賦以下二十五家又爲一種而繫以雜賦詩歌都爲五種章學誠曰古之賦家者流原本詩騷出入戰國諸子假設問對莊列寓言之遺也恢廓聲勢蘇張縱橫之體也排比諧隱韓非儲說之屬也徵材聚事呂覽類輯之義也雖其文逐聲韻旨存比興而深探本原實能成一子之學與夫專門之書初無差別故其敍列諸家之所撰述多或數十少僅一篇列於文林義不多讓爲此志也然則三種之賦亦如諸子之各別爲家而當時不能盡歸一例者耳豈若後世詩賦之家裒然成集使人無從辨別者

哉（校讐通義十五之二）

荀勗四部猶無集部之名而丁部第四有詩賦圖贊汲冢書王儉七志有文翰志紀詩賦文集之名實始於阮孝緒之文集錄隋書經籍志以班志詩賦五種引而伸之合爲三種謂之集部有楚辭別集總集別總之體源於詩賦章學誠曰詩賦前三種之分家不可考矣其與後二種之別類甚曉然也三種之賦人自爲篇後世別集之體也雜賦一種不列專名而類敍爲篇後世總集之體也歌詩一種則詩之與賦固當分體者也就其例而論之則第一種淮南王羣臣賦四十四篇及第三種之秦時雜賦九篇當隸雜賦條下而猥厠專門之家何所取耶揆其所以附麗之故則以淮南王賦列第一種而以羣臣之作附於其下所謂以人次也秦時雜賦列於荀卿賦後（志作孫卿）孝景皇帝頌前所謂以時次也夫著錄之例先明家學同列一家之中或從人次或從時次可也豈有類例不通源流迴異概以意爲出入者哉（同上十五之四）

唐書藝文志丁部分楚辭別集總集凡八百十八家八百五十六部而文史類四家十八卷附於總集宋史藝文志以文史類另立一子目故集部共有四門遼金元三史補藝文志則有別集有詩集有詩選有賦有奏議有策論有表類有書類有碑而無總集有詩集詩選而無文集

文選亦爲後世所譏且集部所附有奏議策論書表亦覺其雜故明焦竑撰國史經籍志約而略之分爲制詔表奏賦頌別集總集詩文評

四庫全書總目以制詔表奏入史部政書類而集部分爲楚辭別集總集詩文評詞曲五類其論集部之源流曰集部之目楚辭最古別集次之總集次之詩文評又晚出詞曲則其閏餘也古人不以文章名故秦以前書無稱屈原宋玉工賦者洎乎漢代始有辭人迹其著作率由追錄故武帝命所忠求相如遺書魏文帝亦詔天下上孔融文章至於六朝始自編次唐末又刊板印行事見貫休禪月集序夫自編則多愛惜刊版則易於流傳四部之書別集最雜茲其故歟然典冊高文清辭麗句亦未嘗不高標獨秀挺出鄧林此在翦刈卮言別裁僞體不必以猥濫病也總集之作多由編定而蘭亭金谷悉觴詠於一時下及漢上題襟松陵倡和丹陽集惟錄鄉人篋中集則附登乃弟雖去取僉孚衆議而履霜有漸已爲詩社標榜之先驅其聲氣攀援甚於別集要之浮華易歇公論終明歸然而獨存者文選玉臺新詠以下數十家耳詩文評之作著於齊梁觀同一入病四聲也鍾嶸以求譽不遂巧致譏排劉勰以知遇獨深繼爲推闡詞場恩怨亘古如斯冷齋曲附乎豫章石林隱排乎元祐黨人餘釁報及文章又其已事矣固宜別白而

存之各核其實至於倚聲末技分派詩歌其間周柳蘇章亦遞爭軌轍然其得其失不足輕重姑附存以備一格而已（四部集部總序）

楚辭論六之二

傳曰不歌而誦謂之賦登高能賦可以爲大夫孔子曰不學詩無以言春秋之後周室寖衰楚臣屈原離讒憂國乃著離騷八篇以鳴其愁以抒其心弟子宋玉痛惜其師傷而和之其後賈誼東方朔劉向揚雄嘉其文彩擬之而作以原楚人也謂之楚辭或謂之騷案楚辭漢志所無而詩賦略中首列屈原賦二十五篇唐勒賦四篇宋玉賦十六篇等爲一種凡二十家三百六十一篇隋志集部以楚辭爲一門有楚辭十二卷幷目錄後漢校書郎王逸註楚辭三卷郭璞註楚辭九悼一卷楊穆撰凡十部二十九卷歷代因之蓋漢魏以下賦體既變無全集皆作此體者他集不與楚辭類楚辭亦不與他集類體例既異理不得不分著也（四庫楚辭類敍語）楚辭爲裒屈宋諸賦而成隋志而後既有此門自可因之然四庫以楚辭自立一門而別無他賦豈屈宋而後無賦體耶是當於集部另立賦頌一門而後楚辭自爲子目可也

別集論六之三

集始於東漢荀況諸集後人追題也其自製名者始於張融玉海集其區分部帙則江淹有前集有後集梁武帝有詩賦集有文集有別集梁元帝有集有小集謝眺有集有逸集與王筠之一官一集沈約之正集百卷又別選集略三十卷者其體例均始於齊梁蓋集之盛自是始也唐宋以後名目益繁然隋唐志所著錄宋志十不存一宋志所著錄今又十不存一新刻日增舊編日減豈數有乘除歟文章公論歷久乃明大地英華卓然不可磨滅者一代不過數十人耳其餘可傳可不傳者則系乎有幸有不幸存佚靡恆不足異也（四庫別集類敘）四庫之書以別集爲最多且雜蓋自靈均以下屬文之士衆矣隋志曰然其志尚不同風流殊別後之君子欲觀其體勢而見其心靈故別聚焉名之爲集（隋志述別集之緣起）按集部之體沿自漢志詩賦略屈原賦以下三種各自名家所謂人次也後世改爲別集詩文均以入之而以時代爲次然別集之中有詩文合刋者有有詩而無文者有有文而無詩者有詩文之外而兼雜體者文獻通考別立詩集一門而無文集可謂見其一而不見其二四庫病其繁碎而併爲一門亦不知本

別集次第或以人次或以時次亦無不可以人次則較便編目以時次則可見源流但人次者宜用著者姓氏時次者宜先定標記此均爲分類者所宜預先訂定者也編次之法容再詳論

總集論六之四

建安而後辭賦繁興衆家之集日以滋廣於是摯虞乃有流別之編採擿孔翠芟翦繁蕪以敍各家詩賦網羅放佚刪汰除莠於文章之衡鑒與有功焉至宋眞德秀文章正宗始別書讀理一派而總集遂判兩途自是文集總鈔作者益衆而體滋亂焉四庫總集一以時代爲次文選註以下凡一百六十五部九千九百四十七卷又存目三百九十八部七千一百三十四卷詩文選註雜厠其間未能一一釐別分類苟簡之故也

詩文評論六之五

詩文評其原出於鍾氏詩品劉氏文心嶸第作者之甲乙而溯其師承勰究文體之源流而評其工拙離詩與文而別自爲書信乎其能爲一家言也隋志混於總集不明體例宋志有文史之目而不自成類明焦竑撰國史經籍志始立文史評一門然集史混亂學者病之四庫別立詩文評一門爲得體矣

四庫以劉鍾二書及孟棨本事詩劉攽中山詩話歐陽修六一詩話爲五例則詩文評中允宜各備一格且詩與文各有體系未可相合爲一四庫以藏書寥寥其苟簡原不足怪但若以論

圖書分類法則有詳爲分析之要焉

詞曲論六之六

四庫論詞曲之源流曰詞曲二體在文章技藝之間厥品頗卑作者弗貴特才輩之士以綺語相高耳然三百篇變而爲古詩古詩變而近體近體變而詞詞變而曲層累而降莫知其然究厥淵源實亦樂府之餘音風人之末派其於文苑同屬附庸亦未可全斥爲俳優也今酌取往例附之篇終詞曲兩家又略分甲乙詞爲五類曰別集曰總集曰詞話曰詞譜詞韻曲則惟錄品題論斷之詞及中原音韻而曲文則不錄焉（四庫詞曲類敘）

四庫全書分類以詞曲爲最當蓋詞曲爲集部之一而同爲詞曲更分爲總集別集五門蓋明於類書之道也夫以詞曲標題主義也以總別集分之主體也主義主體非不可並用但必先立義其同義者乃得體分此乃正當之法惜四庫作對於其他各類均不及此立義立體之辨爲分類重要原則之一而歷來言目錄學者均不識根據則其殽亂又何足怪

詞曲惟錄品題論斷之詞而曲文不錄是亦誤於尊聖衞道之念也

集部總論六之七

總之集部之弊其病在簡古無集部漢志有詩賦略至阮孝緒而有文集錄詩賦則無文集文集則無詩賦自李充改爲集則并詩文而無之矣漢志六藝諸子兵書技術諸略尤可以望文生義後世愈趨簡陋改爲四部至是經無定義子不成家史不以時集而無物不通甚矣按集說文雧羣鳥在木也从雥从木秦入切集雧或省注曰引申爲凡聚之稱漢人多假襍爲集爾雅集會也會猶聚也是集之義無有於詩文隋書經籍志集部之後附文學論蓋言集也子曰必也正名乎名不正則言不順言不順則事不成集部之名亦可謂不正也矣

集爲裒輯鳩聚之意則四部之書無往而非集矣四部知體而不知義故朱子晦庵大全集皆六經之旨曹月川集王文成全書念庵集均爲言理之書皆以詩文集名不得不強入集部章學誠曰文集熾盛不能定百家九流之名目（校讎通義二之一）又曰漢魏六朝著述略有專門之意至唐宋詩文之集則浩如烟海矣今即世俗所謂唐宋大家之集論之如韓愈之儒家柳宗元之名家蘇洵之兵家蘇軾之縱橫家王安石之法家皆以生平所得見於文字旨無旁出即古人之所以自成一子者也其體既謂之集自不得強立以諸子部次矣（又二之四）章氏之言於辨章學術考鏡源流二語又未知何以爲說也

夫總集別集者編書之體也考集部性質當屬文學然則文學之中有詩有文有詞有賦有戲曲有說部有筆記而詩有詩之總集別集文有文之總集別集詩文合刊有詩文合刊之總集別集而文學則有總總集總別集其對於文學源流文章作法文學史述之書則又當條而別之今但有總別集詩文評三目故各部之書既多且雜雖曰以時代爲次然閱者又焉能一一記著述者之生卒年代哉故集部之弊其病在簡

總之四部之法經史子集無一云通緣於司校讎者均不明類例之學分類之時又無根本原則以爲根據數千年來略有部次圖書之門目而無圖書分類之表系其不流於簡陋錯亂者未之有也況今日印刷昌明學術朋興藏書之義與昔不同凡司書者將有以補救之乎

校讎新義卷六終

校讎新義卷七

南海杜定友撰

編次第七

目錄學論七之一

目錄簿記之學也昔周官外史氏掌三皇五帝之書老子爲柱下史司守藏之職惟時竹簡繁重難遺久遠自秦火而還益多蕩佚漢興改秦之敗大收篇籍廣開獻書之路使謁者陳農求遺書於天下又詔光祿大夫劉向校經傳諸子詩賦步兵校尉任宏校兵書太史令尹咸校數術侍醫李柱國校方技每一書已向輒條其篇目撮其指意錄而奏之故必有其書然後可得而奏焉目錄之簿所以記書也後世昧於此義復誤以目錄之學爲辨章學術考鏡源流之本故有見名不見書看前不看後之弊

目錄之名仿自鄭玄三禮目錄但目錄之始肇於漢劉班氏繼之其後目錄之家代有其人諸史藝文志私家藏書目錄汗牛充棟（詳下書目八之一）然於目錄之義無所發明按目錄所以簿記圖

書而便檢取也此外無所用其目錄有之如通志藝文略之類是書目也蓋藏書之策典籍浩繁苟不分類羅列舉章列目則檢用爲難欲求檢用之便則有圖書編目之法所謂目錄學是也嘗求閱書人之心理其問有九一問有是書否但問其書名也二問有某人著之某書否恐其書名同而著者不同也三問有某著者所著之各書否蓋不定其爲某書也四問某人之書有爲其注疏音義譒譯者乎蓋求其全也五問有某種之書乎蓋欲求關於一事一物之書也六問有某類之書乎蓋欲聞各類與其所屬之書也七問某類之書有其他足供參考者乎蓋欲博考旁通也八問某書之內容版本若何所以供選擇也九問某書在何處蓋欲取而讀之也有此九問故有各種目錄以應其需

孫慶增謂書目有四一編大總目錄分經史子集二編宋元刻本鈔本目錄寫明北宋南宋宋印元印明印本三編分類書櫃目錄寫經部某字號櫃內上隔某一部若干卷四編書房架上書籍目錄及未訂之書在外裝訂之書鈔補批閱之書各另立一目（見藏書紀要第六則）其他各家尙未言之但以此四編其能應上九問乎未可必也今之目錄其類有八曰書名目錄所以應第一問也曰著者目錄所以應第二三四問也曰種類目錄所以應第五問也曰分類目錄所以應

第六問也曰參考目錄所以應第七問也曰分析目錄所以求詳也曰字典式目錄所以便檢查也曰書架目錄所以便保存也其第八第九問則凡目錄皆與焉

編目之法必有定義藏書目錄有其書必有其目有其目必有其書此其一鄭樵有編次必記亡書論三篇曰古人編書必究本末上有源流下有沿襲故學者亦易學求者亦易求謂如隋人於歷一家最爲詳明凡作歷者幾人或先或後有因有革存則俱存亡則俱亡唐人不能記亡書然猶紀其當代作者之先後必使具在而後已及崇文四庫有則書無則否不惟古書難求雖今代憲章亦不備(見校讎略)此則書目學者之事而非藏書目錄之事也有則書無則否此正爲編目之要義鄭樵未之辨耳

目錄惟便檢查於學術源流文章派別無所與焉此其二文人好高騖遠宗劉爲尙章學誠曰由劉氏之旨以博求古今載籍則著錄部次辨章流別將以折中六藝宣明大道不徒爲甲乙紀數之需亦已明矣(校讎通義一之三)是則目錄與書目之別又不分矣甲乙紀數此正爲編目之要義學誠未之辨耳

目錄必記明書次庶可以卽目求書此其三四庫提要曰四庫全書提要多至萬餘種卷帙甚

繁將來鈔刻成書繙閱已頗爲不易自應於提要之外別刊簡明書目一編祇載某書若干卷註某朝人撰則篇目不繁而檢查較易俾學者由書目而尋提要由提要而得全書見乾隆十七年九月二十五日諭言之似甚成理但書目提要之編均不記明書次既無分類記號又無書箱 號次豈可以卽目求書哉我國目錄在乎珍藏而不在致用故卷帙務求其宏厚考據務求其詳博而取閱便利與否置不問也

檢查目錄必用直接方法此其四如欲檢元王充耘之讀書管見當不必先求王爲何朝代人不必知讀書管見爲經爲史爲子爲集更不必問爲易爲詩爲書爲春秋而可以卽得王充耘其名者四庫目錄可能得乎此我國目錄學者未嘗以檢查方法之是否便利而加以研究也數千年來因編目之不得其法而耗學者之精神時間者豈可勝數哉

編次必有規則此其五編目之法貴有定規記載之序貴有先後唐志集史有卷而正史不計是無定規也漢志以姓氏冠書名四庫以著者爲附註是無先後也至於記載事項尤貴詳明孫慶增謂照古今收藏家書目行款或照經籍考連江陳氏書目俱爲最好可謂條分縷析精嚴者矣前後用序跋每一種書分一類寫某書若干卷某朝人作該寫著者編者述者撰者錄

者注者解者集者纂者各各寫清不可混亂書係宋板元板明板時刻宋元鈔舊鈔明人鈔本新鈔本一一記清校過者寫某人校本下寫幾本或幾册有套無套又曰宋元刻本鈔本目錄亦照前行款式寫但要寫明北宋南宋宋印元印明印本收藏跋記圖書姓名有缺無缺校與未校藏書紀要第六則四庫提要每書先列作者之爵里以論世知人次考本書之得失權衆說之異同以及文字增删篇帙分合皆詳爲訂辨巨細不遺見四庫凡例可謂詳矣但其得失尚有可言者見書目八之八

目錄必用活葉亦曰卡片此其六目錄之於藏書如匙之勘鑰日增一書卽日增一目日失一書卽日缺一目使閱者可以按目求書而不致空勞往返也所增之目必有鄰次此所以必用活葉之法也其有求便於流傳易於收藏者則另行印訂成册自無不可但活葉目錄則未可缺也圖書館之所藏猶天下一大叢書也圖書目錄猶叢書之子目也豈有一書之子目與原書之內容不相符哉

右之六者爲圖書目錄之要著而昔人編目非特無所顧及且適得其反此所以本章之末論中國無目錄學也

分類目錄之弊論七之二

自來言目錄者必及類例以爲類例之外無目錄學也故書目之刊布必据七略四庫編次之序例必以人次時次此分類目錄也是爲目錄之一而非目錄之全體也特我國目錄學者未之見耳

分類目錄有其利亦有其弊焉

分類目錄可以見學術之大凡經史子集井然有序閱者可以按類求書其利一也檢閱書者有忘其著者者矣有忘其書名者矣欲求其書必也從其類乎知其類屬卽可得書其利二也分類目錄猶書架目錄也各書必有門類各類必有標記依標記而排列猶書籍之列於書架也故便對核其利三也

其弊則分類出入意見分歧同屬一書甲此乙彼莫能折衷見仁見智各有所是所謂主觀之分類也閱者之眼光不同見解亦異欲求其書信乎難矣此其一書有兩可類有兩涉出此入彼繫乎編者若莫忖其意則猶暗中摸索欲求其書信乎難矣此其二書有兼及兩類者分類目錄祇能載列其一不能兼同其二蓋分類目錄以書之標記爲次序標記爲圖書陳列之標

準每書祇能安插一處不能同時分列二架故書之言二類者得此失彼欲求其書信乎難矣此其三（互見法不能用於分類目錄說詳後）分類之法非深明於道術精微羣言得失者不足與此故欲檢查目錄必先深明類例然深明類例者國中能有幾人哉昔人有言不通藝文志者不可以讀天下書（王鳴盛十七史商榷引）然不讀天下書者亦不可以通藝文志蓋藝文之志原非爲初學而設也讀書者須先明類例然後可以讀書則初學者於分類目錄中欲求其書信乎難矣此其四自科學朋興門類紛增大綱小目盈千累萬分類表之組織最爲繁瑣如最近通行之杜氏分類表爲頁一千二爲目數十萬非專門學者不能明其類別曉其運用今欲將分類目錄以供應用則閱者必先明其方法乃於數十萬子目中檢求其書信乎難矣此其五分類目錄既以類次則同類之中其書不一四庫別集凡二千三百四十二部三萬五千六百八十六卷其中雖以著者年代爲次但未見其書未識其人將何以知其生卒年代哉且同朝代者又不知幾十百人故檢書者雖明知其爲別集亦必於二千三百四十二部中尋之此所謂間接之檢查法也不知者欲求其書信乎難矣此其六有不知其類而知其人者有知其人而不知其生卒年代者亦有記其書名而實未詳確者乃欲於分類目錄尋求一書竟無從下手矣呂氏春秋閱者以

爲春秋矣於是經類求之不可得也春秋史也於是史類求之不可得也呂氏子也其爲儒乎法乎名乎墨乎不可知也漢志春秋類有楚漢春秋隋志與吳越春秋同入雜史儒有李氏春秋兵有兵春秋閱者茍不知其書卽不得其類不得其類卽不得其書然求書者以不知其書故也知其書又何必求故欲於分類目錄中求書信乎難矣此其七

有此七弊則分類目錄誠弊多而利少矣欲補其弊則有人次書次類次之法焉容詳論之

人次論七之三

漢志著錄最重家學故易十三家有易經十二篇施孟梁丘三家有服氏二篇有揚氏二篇有孟氏京房十一篇有京氏段嘉十二篇等凡二百九十四篇書九家有歐陽章句三十一卷有大小夏侯章句各二十九卷有許商五行傳記一篇等凡四百一十二篇其餘著錄亦多曰某氏某某若干篇蓋所以重人也隋志改家爲部注姓名於書下而文集則大書其名於上唐志因之且推及各類故管辰作管輅傳而有管辰管輅二人共傳之誤

鄭樵曰古之編書以人類書何嘗以書類人哉人則於書之下注姓名耳唐志一例削注一例大書遂以書類人且如別集　自是一類總集自是一類奏集自是一類令狐楚集百三十卷

當入別集類表奏十卷當入奏集類如何取類於令狐楚而別集與奏集不分皮日休文數十卷當入總集類文集十八卷當入別集類如何取類於皮日休而總集與別集無別詩自一類賦自一類陸龜蒙有詩十卷賦六卷如何不分詩賦而取類於陸龜蒙按隋志於書則以所作之人或所解之人注其姓名於書之下文集則大書其名於上曰某人文集不著注焉又曰唐志以人置於書之上而不著注大有相妨如管辰作管輅傳三卷唐省文例去作字則當曰管辰管輅傳是二人共傳也如李邕作狄仁傑傳三卷當去作字則當曰李邕狄仁傑傳是二人共傳也又如李翰作張巡姚誾傳三卷當去作字則當曰李翰張巡姚誾傳是三人共傳也若文集置人於上則無相妨曰某人文集可也卽無某人作某人文集之理隋志唯文集置人於上可以去作字可以不著注而於義無妨也又如盧槃佐作孝子傳三卷又作高士傳二卷高士與孝子自殊如何因所作之人而合爲一似此類極多炙轂子雜錄注解五卷乃王叡撰若從唐志之例則當曰王叡炙轂子集錄注解五卷是王叡復爲注解之人矣若用隋志例以其人之姓名著注於其下無有不安之理（校讐略不類書而類人論）章學誠曰詩賦前三種之分家不可考矣其與後二種之別類甚曉然也三種之賦人自爲篇後世別集之體也雜賦一種不列專名而

類敍爲篇後世總集之體也歌詩一種則詩之與賦固當分體者也就其例而論之則第一種之淮南王羣臣賦四十四篇及第三種之秦時雜賦九篇當隸雜賦條下而猥厠專門之家何所取耶揆其所以附麗之故則以淮南王賦列第一種而以羣臣之作附於其下所謂以人次也秦時雜賦列於荀卿賦後孝景皇帝頌前所謂以時次也夫著錄之例先明家學同列一家之中或從人次或從時次可也豈有類例不通源流迴異槪以意爲出入者哉（校讎通義十五之三）二子之言蓋不明分類與編目之別更不明人次時次之意義焉曷詳言之

言類例者當究書之內容辨其旨歸而彙納之使同類之書同歸一類此可謂以書類人何嘗以人類書哉此鄭誤一也別集自爲一類同爲一類則以人次可也夫人者以人作類也則何嘗以書類人哉此鄭誤二也分類之學祇及部次至謂人則於書之下注姓名云云則編目之事也於分類無與焉此鄭誤之三也秦時雜賦列於荀卿賦後孝景皇帝頌前所謂以時次云云但陸賈賦屈原賦均以人次而荀卿賦則別出於時次者其故不可考矣章謂同列一家之中或從人次或從時次蓋不明於分類之原則也分類之法在同類下不能同時用二重標準今既同賦豈可或從人次或從時次哉此章誤之一也人次之意有可以用於類例者別集是

也有可用於編目者著者目錄是也章氏於此未能深辨此章誤之二也
所謂人次者卽今之著者目錄也蓋著者立說其傳在人重其書而想其人敬其人而讀其書此所以編目者貴有人次也張文襄書目答問有姓名略舉經學家史學家等三百餘人取議書師人之義然同屬一人有爲經學家者有爲史學家者且姓名之下不列書名亦非人次目錄之意章學誠曾有謂欲免一書兩入之弊但須先作長編取著書之人與書之標名按韻編之詳注一書源委於其韻下至分部別類之時但須按韻稽之雖百人共事千卷雷同可使疑似之書一無犯複矣校讐略義五之一 庶幾近之但按韻而編未見其便且長編之作祇爲編書人稽檢之用未知推廣其用公諸閱者故數千年來祇有分類目錄而未見有著者目錄古人之見可謂淺矣
人次目錄所以與分類目錄不同者令狐楚集其類當從別集其人當從令狐楚皮日休文藪其書當從總集其人當從皮日休此分類與編目當別爲二事也人次目錄首當從人然後個人之著述乃歸一類如王船山有周易大象解經也永歷實錄史也思問錄子也南窮漫記集也以言分類自當從類以言人次則船山所著七十七種均當從王然後欲求船山書者均在

是矣此一例也

個人之著作或述或編或補或校或注疏或音義或與他人合著或從外人繙繹其類不一其體亦異人次目錄自當依次著明然後某人所述所編所補所校所注疏所音義所合著所繙繹之書均在是矣此又一例也

著作之人有用名者有號行者有隱其正而署其別者一一當導其別而歸於正有以衆人之名者有用團體之稱者有全無名字者一一當各自爲類依次排比然後名異而實同者均在是矣此又一例也

人次目錄則自當以人置於書之上姓名之後注明著述編校不可省也亦不可改也隋志文集外以人置於書之下唐志以人置於書之上均無所據妄生是非於編目之法毫無關係轉多枝節此又一例也

姓名排比例當從字首以姓之筆劃比同筆劃者以永字筆法比同姓者以名比同名者以年比同人者以書比故王李周張各得其次王書數十種亦有其序然後有條不紊便於檢查此又一例也

注釋之書當從原著之人而於書名之下注明某某所注而注者名下又注明某某原著則彼此關係自明著者注者各有其書此又一例也

著者目錄之用大矣哉有此目錄則檢書者不必考其歸類不必記其書名但知其姓氏可也檢其姓名卽得其書卽個人之著述他人之注解不問其經史子集無一不羅列於前其有便學者之研究豈淺鮮哉古人斤斤於類例之得失分類目錄而外不知復有其他抑亦愚矣

書次論七之四

求書者大都記其書名忘其著者亦有不辨其類例或難考其源流者若於分類目錄求之不可得也於人次目錄中求之不可得也不得已乃有書次之法焉

目錄之以書爲次者曰書名目錄中國無有也試檢歷來之書目考之凡求書者必先求其類例類例不通者是不可以求書則目錄之編豈得云便近世目錄學者乃發明書名目錄不問其書之爲經史子集不問其著者爲陳李張王一以書名爲次目錄之編以書名爲首以著者爲次與人次目錄適得其反以其用意不同也豈有如隋唐諸志以己意爲上下哉鄭樵爲之辯護誠多事矣

書名目錄一以書名字句爲次序筆劃少者在前多者在後筆法簡者在前繁者在後故有周易周易一帙周易大義周易爻義周易私記周易卦序論周易音周易集注周易楊氏集周易講義周易繫辭周易繫辭義疏其周易之次一大爻私卦音集楊講繫其字之筆劃多少不同也故有序焉其周易繫辭之次有周易繫辭周易繫辭義疏其繁簡不同也故有序焉求書者依書名之次求之可也

書之同名者以著者爲次焉同書而同著者以注者音者爲次焉書名著者注者皆同者以出版之年代爲次焉以版本爲次焉一切皆同者以收入之先後爲次焉故各有其序各居其位所謂有條不紊也古之目錄能當之乎

書名目錄以書爲單位其有合數書爲一本則各別之班固以太元法言樂箴混入儒家鄭樵譏之曰何以太元法言樂箴三書合爲一總謂之揚雄所序三十八篇入於儒家類按儒者舊有五十二種固新出一種則揚雄之三書也且太元易類也法言諸子也樂箴雜家也奈何合而爲一家是知班固胸中元無倫類校讎略論編次不明論而章學誠復譏之曰鄭樵譏班固敘列儒家混入太元法言樂箴三書爲一總謂揚雄所序三十八篇謂其胸無倫敘是樵之論篤矣至謂

太元當歸易類法言當歸諸子其說良是然班固自注太元十九法言十三樂四箴二是樂與箴本二書也樵誤以爲一書又謂樂箴當歸雜家是樵直未識其爲何物而強爲之歸類矣以此識正班固所謂楚失而齊亦未爲得也按樂四未詳箴則官箴是也在後人宜入職官而漢志無其門類則附官禮之後可矣（校讎通義十一之一）此皆不明編書之例而自相譏謿耳班氏爲一總鄭氏判爲三章氏增爲四要皆未見其書遙忖其名耳夫編書者必見其書而後錄其目未有不見其書而著於錄也以三氏之言觀之則章氏較近但當時無書名目錄故是非百出不知所歸若以書名爲次則太元法言樂箴當別爲四書於是求太元者於太字得之求法言者於法字得之求樂者於樂字得之求箴者於箴字得之初無所用其懷疑也

自叢書體創刋布更多一書而合數十百種者有之一書而兼及數十百類者有之正宜用書名之法一一標明庶閱者易於檢查否則何以知某書爲某某叢書之一哉

其有異名而同書者有同書而異名者有原名隱而別名顯者有棄眞名而用僞名者一一當考其源而別其流正其名而去其異其正者自當見諸目錄而異者亦當注明（詳見互著論七之六）於是檢書者或記其正名或記其別號均可以按字索書無往而不利此書名目錄之所以爲便也

編錄之法當以原書書名爲準不可上下其字句以己意爲出入書名目錄以書名爲首不可易也漢志著錄書上必加某氏如孟氏京房京氏段嘉等雖能條別源流實開後世任意提之誤故後之編目者亦未曾稍留意於此蓋分類目錄其次序原不在書名未足怪也

書名目錄之用大矣哉惜古人不知有此所見限於分類目錄而門戶之爭無時或息凡編目者無不自誇曰便於檢查而絕無客觀直接之方法嗚呼吾未見其爲便也

類次論七之五

類次與類例不同類次目錄之事也類例分類之學也都爲治書之要道殊途而同歸一則便於檢查一則便於典藏其用不同也書之言一事一物者其一事一物卽其類也以類爲次故曰類次目錄亦曰種類目錄或曰件名目錄而異乎分類目錄者也宋晁季一墨經四庫入譜錄以其類例屬於子部譜錄類也而其書之所言者爲墨是墨爲其書之類也故其書以墨爲次於是李孝美之墨譜陸友之墨史沈繼孫之墨法均同爲鄰次而論墨者信手可拈初不必知其類例也

類次之法所以補救分類目錄之弊而設也如錢譜一書隋志入史類四庫入子類史子之亂

至此甚矣治目錄學者不能獨斷羣書而閱其目者又難忖編者之意故分類目錄斷難離乎主觀主觀之法又斷難便於客觀之用此所以不得不立類次目錄也類次以書之所言爲類凡一事一物一代一人均無不可以爲類求事物者依事物之名稱檢之求人物者依人物之姓氏求之無不獲也則其便利爲如何哉

宋王俅嘯堂集古錄二卷其書多言古物則古物是其類也各書以類名爲首題依筆劃筆法爲次第表而錄之則求書者卽忘其著者書名昧於類例之法亦不至難檢之弊且爲學者初未必知有其書但祇知求是類耳欲考硯史者初未必知有米芾之書此所以類次目錄之便於學者也前論分類目錄人次目錄書次目錄均爲目錄學之一苟無類次目錄則未能稱全也有類次目錄然後可以應目錄之九問

書有言二類乃至三四類者如蘇易簡之文房四譜其書有筆有硯有墨有紙類次目錄卽當四見於是求筆者可以得蘇書求硯者可以得蘇書求墨者可以得蘇書求紙者可以得蘇書研紙筆者雖無專書亦可於文房四譜中得之否則雖知其書名亦不知其四之爲四也我國目錄祇能就已知之書檢求之未爲學者之便利計也目錄學中有互見一法但互見法不當

作如是解說詳後

近世圖書學有分類表復有類名表分類表詳列大綱小目明訂所屬釐成系統所以使各類圖書明其統屬也類名表則以事物之名不問其統屬門類一以筆劃爲序所謂直接之檢查法也凡欲求一事一物之書者不必知其屬於何類隸於何門但問事物之名而已耳夫藏書之旨在乎供人探討非獨保存文獻而已也探討之法以類次爲最便古人不知有此惜哉

互著論七之六

漢志諸子略儒家注入揚雄一家三十八篇兵權謀十三家二百五十九篇注省伊尹太公管子孫卿子鶡冠子蘇子蒯通陸賈淮南王二百五十九種出司馬法入禮也劉奉世曰種當作重九下又脫一篇字注二百五十九恐合五百二十一篇數已在前又兵技考十三家百九十九篇省墨子重入蹴鞠也班氏省重後人謂互注之失傳章學誠曰部次流別申明大道敍列九流百氏之學使之繩貫珠聯無少缺逸欲人卽類求書因書究學致理有互通書有兩用者未嘗不兼收並載初不以重複爲嫌其於甲乙部次之下但以互注以便稽檢而已古人最重家學敍列一家之書凡有涉此一家之學者無不窮源至委竟其流別所謂著作之標準羣言

之折衷也如避重複而不載則一書本有兩用而僅登一錄於本書之體既有所不全一家本有是書而缺而不載於一家之學亦有所不備矣（校讎通義三之一）又曰劉歆七略亡矣其義例之可見者班固藝文志注而已（班固自注非顏注也）七略於兵書權謀家有伊尹太公管子荀卿子（漢書作孫卿子）鶡冠子蘇子蒯通陸賈淮南王九家之書而儒家復有荀卿子陸賈二家之書道家復有伊尹太公管子鶡冠子四家之書縱橫家復有蘇子蒯通二家之書雜家復有淮南王一家之書兵家技考家有墨子而墨家復有墨子之書惜此外之重複互見者不盡見於著錄容有散逸失傳之文然即此十家之一書兩載則古人之申明流別獨重家學而不避重複著錄明矣自班固併省部次而後人不復知有家法乃始以著錄之業專爲甲乙部次之需爾然互著之說亦有不同其議者近人顧實曰世言諸子不專一家者本志（按即漢書藝文志）有互著之法然以禮記之明堂陰陽與明堂陰陽說不同書例之則道家之伊尹鬻子與小說家之伊尹說鬻子說不同書明矣更以天文之漢日旁氣行事占驗三卷與漢日旁氣行事占驗十三卷五行之羨門式法二十卷與羨門式二十卷俱同書名而不同書例之則六藝有易術數有周易儒家有景子公孫尼子孟子而雜家有公孫尼兵家亦有景子孟子道家亦有力牧孫子兵家亦有力牧孫子

儒家有李克王孫子法家有李子商君而兵家亦有李子王孫公孫鞅縱横家有龐煖兵家亦有龐煖雜家有由余伍子胥尉繚吳子而兵家亦有繇敘伍子胥尉繚吳起小說家有師曠兵家亦有師曠或有註可辨（如孫子）或無註可辨（如孟子）要皆雖同書名而不必同書又明矣且班注有省重篇之例曷爲不出於省何必互著耶故互著一說未敢苟同（漢書藝文志講疏例言）

互著之法似亦言之成理持之有故者然法則未盡善也古人對於分類法與目錄學不知別爲二事故互見法亦不能明其體用夫分類爲書之部次則雖理有互通書有兩用者然其爲書則一也一書不能劃而爲二則一書不能見於兩類故鄭樵不用互著亦非無因其言曰一類之書當集在一處不可有所間也（校讎略編次之訛論）又曰隋志最可信緣分類不考故亦有重複者嘉瑞記祥瑞記二書既出雜傳又出五行諸葛武侯集誡衆賢誡曹大家女誡正順志娣姒訓女誡女訓凡數種書既出儒類又出總集衆僧傳高僧傳梁皇大捨記法藏目錄元門寶海等書既出雜傳又出雜家如此三種實由分類不明是致差互若酒陶弘景天儀說要天文類中兩出趙政甲寅元歷序歷數中兩出黃帝飛鳥歷與海中仙人占災祥書五行類中兩出庚季才地形志地理類中兩出凡此五書是不校勘之過也以隋志尚且如此後來編書出於衆手

不經校勘者可勝道哉（全上）鄭氏之言可謂深明乎分類之法矣學誠動好言古反以此譏鄭不思之甚也

互見之法有可用於類例者有可用於目錄者第其用法不同請詳其說

經之易家與子之五行陰陽相出入經之樂家與子之藝術集之詩歌相出入小學之書法與金石之法帖相出入其餘職官之與故事相出入譜錄之與編年相出入儒家之與經解相出入食貨之與農家相出入凡茲種種當於分類表中互著之使司書者得權其出入定其歸類故祇有類之互著而無書之互著能互見其類不能互見其書此類例之互見法也豈有每類之下必歷載其書哉

又書之有相資爲用者如爾雅與本草相資爲用地理之書與兵家形勢之書相資爲用聲韻之書與樂府之書相資爲用傳記之書與史部之書相資爲用時令之書與農家之書相資爲用又如鄭樵所謂性命之書求之道家小學之書求之釋家凡茲種種當於類名之下互著之使檢書者可以舉一反三觸類旁通故祇有類之互著而無書之互著能互見其類不必互見其書此類次目錄之互見法也豈有每類之下必歷載其書哉

種類之互見法又有二焉類名之有相通者取其一不取其二取其近不取其遠故不用文翰而用文集不用譜牒而用譜錄種類目錄中必曰文翰見文集譜牒見譜錄故檢目錄者不至悵然若失類名之可資參考者必列舉之曰地理參見兵家形勢遊記外記等等使閱者可以廣其眼界一隅三反此圖書目錄之所以有助於學者也

其有一書兩名者太史公今名史記戰國策初名短長語則必曰太史公百三十篇見史記短長語見戰國策此書名之互見也亦有名異而實同者白虎通卽白虎通德論風俗通卽風俗通義世說卽世說新語呂覽卽呂氏春秋班昭集卽曹大家集則必曰白虎通見白虎通德論風俗通見風俗通義世說見世說新語呂覽見呂氏春秋班昭集見曹大家集此書名互見法之又一也書名互見之法必於書名目錄中見之於分類目錄及其他目錄無與焉且互見條下必曰見而不互著之蓋從簡也兒誤會也

亦有一人而數名者昌黎韓愈永叔歐陽修復有韓文公歐陽文忠公又曰退之昌黎伯又曰醉翁六一居士則用其正而見其號必曰韓退之見韓愈韓昌黎見韓愈故檢書者偶知其一必得其二此著者目錄之互見法也古之編目者但能歷注其字號於姓名之下此豈足以言

互著法哉

地理形家之言若主山川險要關塞邊防則與兵書形勢之條相出入矣若主陰陽虛旺宅墓休咎則與尙書五行相出入矣部次門類既不可缺而著述源流務要於全則又重複互著之條不可不講者也（校讎通義十之七）古書尠少故於每條之下並列其書不覺其繁且古無著者書名種類目錄而祇有分類目錄一種計無所出乃用互著之法不知近世版籍以千萬計有一書言二類者則類次目錄可以見之無需乎互著也其有命名相通種類出入者但見其名其類可也不必一一盡載其書此古人不辨互著法之意義而甲是乙非莫衷一是亦可笑矣

別裁論七之七

章學誠曰管子道家之言也劉歆裁其弟子職篇入小學七十子所記百三十一篇禮經所部也劉歆裁其三朝記篇入論語蓋古人著書有採取成說襲用故事者（如弟子職必非管子自撰月令必非呂不韋自撰皆所謂採取成語也）其所採之書別有本旨或歷時已久不知所出又或所著之篇於全書之內自為一類者並得裁其篇章補苴部次別出門類以辨著述源流至其全書篇次具存無所更易隸於本類亦自兩不相妨蓋權於賓主重輕之間知其無庸互見者而始有裁篇別出之法耳（校讎

通義四之一 又曰裁篇別出之法漢志僅存見於此篇及孔子三朝篇之出禮記而已充類而求則欲明學術源委而使會通於大道舍是莫由焉且如敘天文之書當取周官保章爾雅釋天鄒衍言天淮南天衆諸篇裁列天文部首而後專門天文之書以次列爲類焉則求天文者無遺憾矣敘時令之書當取大戴禮夏小正篇小戴記月令篇周書時訓解諸篇裁列時令部首而後專門時令之書以次列爲類焉敘地理之書當取禹貢職方管子地圓淮南地形諸史地志諸篇裁列地理部首而後專門地理之書以次列爲類焉則後人求其學術源流者可無遺憾矣漢志存其意而未能充其量然賴有此微意焉而焦氏乃反糾之以爲謬必欲歸之管子而後已焉甚矣校讎之難也同上十二之九又曰或曰裁篇別之法行則一書之內取裁甚多紛然割裂恐其破碎支離而無當也答曰學貴專家旨存統要顯著專篇明標義類者專門之要學所必究乃掇取於全書之中焉章而釽之句而釐之牽率名義紛然依附則是類書纂輯之所爲而非著錄源流之所貴也且如韓非之五蠹說林董子之玉杯竹林當時並以篇名見行於當世今皆薈萃於全書之中則古人著書或離或合校讎編次本無一定之規也月令之於呂氏春秋三年問樂記經解之於荀子尤其顯焉者也然則裁篇別出之法何爲而不可以著錄乎同上

十二之十

此分析目錄之法也學誠言之詳矣第分析目錄有書名著者種類之分試詳言之自叢書之體興分析目錄爲不可少別下齋叢書有龍仁夫易傳八卷經也曹履泰靖海紀略四卷史也韓百謙箕田考一卷子也彭孫貽茗齋詩餘二卷集也此同一叢書而所著者不同書名不同種類不同東璧全書著者同而書名不同也十三唐人詩書名同而著者不同也非一一釐正分別編目無以盡其用至若某書之一篇一節如有特長者亦必提出編目便於檢查故圖書館之目錄非惟便於檢書抑將有助於學也所謂分析目錄者乃編目之法而絕非章氏所謂以全書判裁者也

章氏復有采輯補綴之成法如王應麟以易學獨傳王弼尙書止存僞孔傳乃取鄭元易注書注之見於羣書者爲鄭氏周易鄭氏尙書注之類此乃編書之體例非編目之成法但於該書名下注明可也互著與別裁不同互著則見其名類別裁則注其篇章昔人每以叢書子目之見於目錄者爲互見法誤也

分類目錄卽書架目錄與其他目錄之不同於此可見分類目錄依類而列以書本爲單位其

他著者書名種類參考及分析目錄以篇章內容爲單位故分類目錄每書祇可一見而其他目錄一書可三五見乃至數十百見或離或合均無不可此編目者所不可不深辨也

次第論七之八

我國目錄學者於編書之次第除類例之先後外多不知目錄之次第爲何義四庫全書總目提要凡例曰編次先後漢書藝文志以高帝文帝所撰雜置諸臣之中殊爲非體隋書經籍志以帝王各冠其本代於義爲允今以其例其餘槩以登第之年生卒之歲爲之排比或據所往來倡和之人爲次無可考者則附本代之末釋道閨閣亦各從時代不復區分宦侍之作雖不宜厠士大夫間然漢志小學家嘗收趙高之爰歷史游之急就今從其例亦間存一二外國之作前史罕載然既歸王化卽屬外臣不必分疆絕界故木增鄭麟趾徐敬德之屬亦隨時代編入焉又曰諸書次序雖從其時代至於箋釋舊文則仍從所著之書而不論作注之人如儒家類明曹端太極圖述解以註周子之書則列於張子全書前國朝李光地註解正蒙以註張子之書則列於二程遺書前是也又曰歷代敕撰官書如周易正義之類承詔纂修不出一手一一詳其爵里則末大於本轉病繁冗故但記其成書年月任事姓名而不縷陳其爵里又如漢

之賈董唐之李杜韓柳宋之歐蘇曾王以及韓范司馬諸名臣周程張朱諸道學其書並家弦戶誦雖村塾童豎皆知其爲人其爵里亦不復贅又乾隆四十六年二月十五日諭所有四庫全書經史子集各部俱照各撰述人代先後依次編纂至我朝欽定各書仍各按門目分冠本朝著錄諸家之上則體例精嚴而名義亦秩然不紊

觀此可見歷來目錄學者之誤有三一傳統觀念階級思想之深也一分類與編目之不分也一檢閱者之便利與否不顧也圖書之學無所用其尊卑前已論之矣同類之書或以人次或以時次或以地次或以名次當於分類表中定之與編目無與焉著者爵里之記載爲編目體例於分類編次無與焉可不論也編次次第惟當以閱者之檢查便利與否爲依歸昔明成祖以天下古今事務散載諸書篇帙浩穰不易檢閱故有永樂大典之輯其序曰洪惟我太祖高皇帝膺受天命混一輿圖以神聖之資廣述作之奧興造禮樂制度文爲博大悠遠同乎聖帝明王之道朕嗣承洪基勔思纘述尙惟大有混一之時必有一統之制作所以齊政事而同風俗序百王之傳總歷代之典世遠祀綿簡編繁夥恒慨其難一至於考一事之微汎覽莫周求一物之實窮力莫究譬之淘金於沙探珠於海戛戛乎其不可易得也乃命文學之臣纂集四

庫之書及購募天下遺籍上自古初迄於當世旁搜博采彙聚羣分著爲奧典以氣者天地之始也有氣始有聲有聲始有字故用韻以統字用字以繫事揭其綱而目必張振其始而末具舉包括宇宙之廣大統會古今之異同巨細精粗粲然具舉其餘雜家之言亦皆得以附見蓋網羅無遺以存考索使觀者因韻以求字因字以考事自源徂流如射中鵠開卷而無所隱始於元年之秋成於五年之冬總二萬二千九百三十七卷名之曰永樂大典當時圖書之難於稽檢可以知矣藏書之府包羅萬有較諸永樂大典何祇千倍昔人祇知編永樂大典圖書集成而不知推其法於圖書目錄爲可惜耳

分類目錄之不便檢查前已論之矣且此外尚有著者書名種類諸目則其排比之次序不可不詳究焉章學誠以分類目錄難於校讎故曰校讎之先宜盡取四庫之藏中外之籍擇其中之人名地號官階書目凡一切有名可治有數可稽者略倣佩文韻府之例悉編爲韻乃於本韻之下注明原書出處及先後篇第自一見再見以至數千百皆詳注之藏之館中以爲羣書之總類至校書之時遇有疑似之處卽名而求其編韻因韻而檢其本書參互錯綜卽可得其至是此則淵博之儒窮畢生年力而不可究殫者今卽中才校勘可坐收於几席之間非校讎

之良法歟（校讐通義七之三）此正編次之良法也惜祇知供校讐之私用而不知公諸於閱者古人於編目之法不以閱者便利與否爲依歸此其明證也

乾隆間汪輝祖以十四史列傳分姓彙編依韻編次爲史姓韻編又二十四史同姓名錄九史同姓名略遼金元三史同名錄道光十七年李兆洛又有歷代地理韻編此皆以分類編制之不便檢查乃別圖良法然古今圖書作者其姓名自較二十四史列傳爲多古今書名豈祇歷代地誌之數而編目者竟不知分類檢查之難數千年來一成不變至同治間方有武昌范月槎之四庫全書總目韻編（藕香簃舊鈔本北京圖書館藏）以書名首字按平仄排次不拘經史子集每一書名之下載著者姓名類目及卷頁使不諳門類者可以按韻求書可謂深明乎編目之道者矣近人陳乃乾有四庫索引之印行以著者姓氏筆畫爲排比而中華圖書館亦有四庫全書書名索引之廣告其書名以部首爲排比蓋感於依韻而列之不適用於今日也

分類目錄之窮人皆知之矣古人窮而不變是爲愚也故近代之圖書目錄分類而外必有著者書名種類參考分析而排比之法或以筆劃或以筆法或從部首或從韻目於今尙無定論而其排次之原理有可得而言者凡一名一字必有其序其第一字同者以第二字較第二字

同者以第三字較必求其最後之定位而後已故檢閱圖書者如檢字典然此所謂字典式目錄者也

字典式目錄合著者書名種類而一之凡檢書者或記其書名或記其類名或記其著者或竟三者均忘而但知求一事一物一人一代者均可按字稽檢無不到處逢源如宋唐積歙州硯譜一卷本名歙硯圖譜百川學海本於字典式目錄中則按唐字歙字硯字百字均可得之唐字著者姓也歙字書名也歙州歙硯同見硯字類名也百字叢書之總名也檢唐字者則凡唐氏之書均在是矣檢唐積者則凡唐積所編著之各書均在是矣檢歙州者非獨以歙州題名者均在是卽凡關於歙州之地理歷史風土博物均在是矣檢硯字者則凡關于硯史硯譜硯圖之書均在是矣其有不知檢硯字者或檢文房或檢文具均有參考目錄可以引見檢百字者則百川學海本之各書均在是矣其便於檢查有助於學者較諸分類目錄爲何如哉

中國無目錄學論七之九

夫學之爲學以有專門也專門之學必有研究之對象其對象一而已耳如心理學之論心理動物學之論動物無論其研究之方面如何必不能離其主旨而別自爲論目錄學爲簿計之

學若商店出品之有貨物目錄書籍內容之有章節目錄所以羅列諸品第其甲乙而求便於稽檢取用也圖書館之藏書猶商店之貨品也苟無目錄則外人不知其內容不第甲乙則無從檢取故有圖書目錄之學沿是以談則目錄學之對象爲圖書而其目的在致用稽之我國目錄未有是也章學誠曰四部之中附以辨章流別之義以見文字之必有源委亦治書之要法而鄭樵顧刪去崇文敘錄乃使觀者如閱甲乙簿注而更不識其討論流別之義焉烏乎可哉（校讎通義二之八）是則古之目錄學而非今之目錄學也

專門之學必有系統研究之法必有分類故心理學則有人類與動物之別人類心理則有兒童青年之分兒童心理復有意識情緒意志本能諸目目錄學亦猶是也故有著者目錄書名目錄字典式目錄分類目錄多至數十種而我國舊日目錄學惟分類目錄一種而已雖曰目錄有題跋考訂板本之屬但此爲體例未可以言分類也分類目錄爲圖書目錄之一猶兒童心理學爲心理學之一未可以舉其一而概其全也單言兒童不能稱爲心理學猶單言分類目錄不能稱爲目錄學也

專門之學必有原理可據規則可循圖書目錄學之原理在應閱者之九問（見本章七之一）目錄學之

規則在訂定編次之條例舉凡著者書名類名諸目其詳簡先後必有所據而我國目錄學其原理爲考鏡源流未嘗爲閱者設想其規則又無一定甲是乙非毫無意義觀漢志先著者而後書名隋志先書名而後著者可知也今日專論目錄學之書凡數十種規則近千餘條而我國古來之言目錄學者既無專書又無定則是我國無目錄學之研究也

我國目錄學其弊在乎混亂所亂者何以目錄與書目與類例與著述史相混也目錄所載以一時一地所藏爲限書目所載爲泛指一切之書或特種之書類例所載爲圖書之分野門類之系統著述史所載爲考學術之源流使人可以因書究學四者相有關係而性質不同吾人不可以期目錄者期書目期書目者期類例期類例者期著述史期著述史者期目錄此所以學貴專門殊途而同歸者也

我國之有目錄學垂數千年古者圖書短少故編目之法不求其詳藏書之所多在秘閣鮮有公開而閱者之人多爲積學之士七略四庫類能道之故檢查不見其艱且書目簡短即全編反覆稽檢亦未覺其費時失事古之社會環境與夫古人爲學治事之法與今日大相徑庭則吾人又焉可以期今日之目錄者期古之目錄哉自印刷發明傳流益廣藏書之所動以百萬

冊計閱書之人日以千百目錄卡片千百萬張檢目者惟一書一事是求從未能將全部目錄通核一過者卽欲爲之亦爲時間所不許則目錄之法豈有不異於昔日者哉故曰中國無目錄學者蓋言有古之目錄學而無今之目錄學也

校讎新義卷七終

校讐新義卷八

南海杜定友撰

書目第八

書目學論八之一

書目書之目也猶年之有譜語之有錄故有古今中外之書卽有古今中外之目有經史子集之書卽有經史子集之目一國有一國之書目一代有一代之書目一人有一人之書目一學有一學之書目其範圍彌廣其用途彌大固非尋常目錄簿計而已也吾國書目之刋行爲數至夥爲類至繁自七略別錄而下凡公私藏書目錄無不流而爲目錄之學治目錄學者必言類例言類例者必曰學術源流言學術源流者必兼校讐言校讐者必及版本言版本者必及藏書言藏書者必及編目於是書目學目錄學校讐學版本學圖書學混而爲一不復明其界限別其用途以至錯綜雜亂不可言狀此我國學術之通病固未足爲目錄學責也必求正本清源條分縷析然後學有專門事乃精進本書之編特發其凡爾

中華書局印行

自來目錄學者必以辨章學術考鏡源流相標榜以爲非如是不足以尊其道也不知學術源流之考鏡當別撰學術史著述史以總論之今不知有此乃欲於圖書目錄中兼敍之是不可能也明知其不可能乃立互見別裁諸法以至鹵莽滅裂破碎支離不可名狀考劉氏略錄原爲圖書簿記之計後世士大夫動好言古强爲之說於是類例之下必有其敍其初尙以學術源流爲前題其後愈不可考矣此著述史與書目學不分之過也夫著述史者必沿學術之源流而述之其有書可證有事可稽者自可引章列目雖其書之一見再見乃至千百見亦不覺其繁也其有言可據有書可考者卽列其一章一節乃至一言一字亦不見其簡也未有以漠不相關之書裒而集之而可以見學術之源流者也

目錄學者圖書簿記之法也所以便檢查而利求學故有其目必有其書有其書卽可究其學而書目學不同也書目之編以書爲目其學不限於一科一門其書不限於一時一地此書目學與目錄學之大別也而吾國目錄學者向不深辨故今欲以古來流傳之書目一一判別之何者爲書目何者爲目錄誠乎難矣

我國無書目學故其源不可考然取歷代目錄觀之尙可見其端倪葉德輝言藏書者有目錄

板本兩派（見書林清話）但目錄學並非書目學板本學則爲書目學之一種故其病在簡張爾田謂目錄之學大別爲三有官家之目錄史家之目錄藏家之目錄（見孫德謙漢書藝文志舉例敍）三家著錄殊難判別官者有史史者有官而官史無不有藏

周貞亮朱之鼎書目舉要區爲十一類較爲詳盡有部錄之屬編目之屬補志之屬題跋之屬考訂之屬校補之屬引書之屬版刻之屬未刊書之屬藏書約之屬釋道目之屬陳斠玄增自著書之屬合爲十二第崇文總目入史藝文志入部錄而台州經籍志入編目未知二者究有何別有版刻之屬而藝芸精舍宋元本書目入編目有題跋之屬而直齋書目解題入部錄之屬且考訂題跋爲編著之體例藏書釋道爲書籍之內容體義不分未可以言類例則其亂也宜矣且補志校補之屬當附原書未可自爲一類如經緯之不宜殿經部也

書目之分類大別爲三一曰國家書目二曰種類書目三曰營業書目但欲以之三者以類吾國書目則尙嫌難合蓋我國書目猶未有相當進展也今略從古論別爲八類便討論耳

其一史家書目其二學術書目其三引用書目其四書目之書目其五版刻書目其六書目考訂其七書目解題其八燬闕書目

史家書目八之二

代有掌書之史卽有書目之編自漢除挾書之律廣開獻書之路詔光祿大夫劉向校經傳諸子詩賦任宏校兵書尹咸校數術李柱國校方技於是有別錄七畧之書是爲我國目錄之始然向所校書均爲當時所藏故可謂爲目錄不可謂爲書目王儉旣造目錄又編七志阮孝緒博採宋文以來王公之家凡有書記參考官簿更爲七錄庶幾近之鄭樵撰通志闢藝文略曰今所紀者欲以紀百代之有無（校讎略篇次必謹類例論）又曰古人編書皆記其亡闕所以仲尼定書逸篇具載王儉作七志已又條劉氏七略及二漢藝文志魏中經簿所闕之書爲一志阮孝緒作七錄已亦條劉氏七略及班固漢志袁山松後漢志魏中經晉四部所亡之書爲一錄隋朝又記梁之亡書自唐以前書籍之富者爲亡闕之書有所系故可以本所系而求所以書或亡於前而備於後不出於彼而出於此及唐人收書只記其有不記其無是致後人失其名系所以崇文四庫之書比於隋唐亡書甚多而古書之亡尤甚焉

古人亡書有記故本所記而求之魏人求書有闕目錄一卷唐人求書有搜訪圖書目一卷所以得書之多也（原）闕下詔并書目一卷惜乎行之不遠一卷之目亦無傳焉臣今所作羣書會紀

不惟篇別類例亦所以廣古今而無遺也（同上編次必記亡書論）此正書目學家應有之態度然以此責目錄學者無乃太過凡編目者有則記之無則闕之是於責已盡蓋目錄以所藏爲根據苟無是書焉可有是目此歷來目錄學與書目學不分之過也

史家書目用以記一代之有無卽現代之所謂國家書目也一國有一國之書故一國有一國之目編書目者不必問書之藏在何所而問有無是書有此書目可以覘一代出版之盛衰所刊書籍之內容及學術之進展一國之中可以時代分亦可以地域分故其種類無限應用甚廣歐美諸國復有年報月報故檢某月書目卽知國內某月所出版之書於圖書之選擇考證便利實多

史家書目編纂之法或以分類或從字典均無定則蓋其目的能盡載一國一代之書不切切於學術源流也我國目錄欲求與現代之國家書目相脗合者乃不可得然歷代官家目錄頗有此意至補志之作猶爲書目之本蓋補志者所以補前志之不足也必有所見而云但補志之作必不以原藏爲據否則近代之人豈能補前代之志哉考證之屬另爲一類殊無當理今附原志以見源委

劉向別錄劉歆七略班固漢書藝文志洪飴孫續漢書藝文志錢大昕補續漢書藝文志王應麟漢書藝文志考證孫德謙漢書藝文志舉例顧實漢書藝文志講疏姚明輝漢書藝文志姚氏學姚振宗後漢書藝文志侯康補後漢書藝文志顧櫰三補後漢書藝文志鄭默中經荀勖中經新簿姚振宗三國藝文志侯康補三國藝文志丁國鈞補晉書藝文志文廷式補晉書藝文志吳士鑑補晉書經籍志謝靈運四部目錄王儉七志謝朏任昉殷鈞四部目錄梁五部目錄阮孝緒七錄長孫無忌隋書經籍志張鵬一隋書經籍志補章宗源隋書經籍志考證舊唐書經籍志唐書經籍志顧櫰三補五代史藝文志宋史藝文志王堯臣崇文總目王欽崇文總目輯釋補遺鄭樵通志藝文略盧文弨宋史藝文志補倪燦宋史藝文志補盧文弨補遼金元藝文志金門詔補三史藝文志倪燦補遼金元三史藝文志王仁俊遼史藝文志補證錢大昕元史藝文志焦竑國史經籍志尤侗明史藝文志黃本驥皇朝經籍志四庫全書總目

右歷代官史目錄之近於書目者此外如各地方志藝文志如章學誠和州志藝文志項元勛台州經籍志金武祥江陰經籍志管廷芬海昌經籍志及敦煌書目等均足參考至現代書目則中國尙未及此也

學術書目八之三

書目之最重要者厥爲學術書目卽所謂種類書目也學術門目如恒河沙數一種可有一種之目一類可有一類之目凡一人一事一技一藝之微如有其書卽可有其目推之泛論世界學術源流亦可編爲書目故學術書目種類至夥不以一時一地爲限所編書目長短不拘三數書籍亦可爲目千萬卷帙亦可爲目其伸縮活動絕無限制但求能適於用耳我國目錄學者動好言學術源流但求其能名副其實者乃不可得論者常以學術源流衡諸藏書目錄更屬風馬牛不相及徒令有識者笑耳

學術書目爲研究學術之工具自非藏書目錄可比如張文襄之書目荅問其自序曰茲乃隨手記錄欲使初學便于翻檢非若藏書家編次目錄故不盡用前人書目體蓋深明乎書目與目錄其用意不同也學術書目旣爲研究工具故其編次體例與尋常目錄不同有分類者有編年者有排字者有論證者於排比次序得有詳細之說明每書內容得有忠實之介紹或註論學術源流或專研一科一義或論某科之沿革或便某科之探討或備學者之研究或供初學之瀏覽故所編之書並非以一館一時所藏爲限且每一書目有其殊特目的合者留不合

者去絕無強牽附合之弊不若我國目錄學者務在貪多既欲編藏書目錄又欲求合學術源流故其顧此失彼紛亂混淆宜也

我國學術書目雖無其名但編者亦有其人茲略舉數則爲例張文襄書目答問晁公武郡齋讀書志李笠三訂國學用書書目沈豫皇清經解提要翁方綱通志堂經解目錄朱彝尊經義考翁方綱經義考補正全祖望讀易別錄瞿均廉易傳辨異鄭康成三禮目錄蔣復聰論語集目孟子集目謝啟昆小學考丁福保說文目錄吳承漸經史序錄王念孫讀書雜誌高似孫史略繆荃孫學部圖書館方志目高似孫子略陳斠玄周秦訖元明諸子書目梅文鼎勿庵歷算書記丁福保算學書目提要殷仲春醫藏書目董氏醫籍備考四庫全書醫書目錄袁同禮中國音樂書舉要王國維曲錄傳奇彙考其他若衆經目錄大唐內典大藏目錄道藏目錄等不勝枚舉至於一人一氏如錢師璟錢氏藝文志略吳蔭培新要吳氏藝文志略王韜弢園著述總目蘇惇元望溪文目編年等均可依類以歸至若一書一典之目如永樂大典目錄古今圖書集成目錄四部叢刊目錄及陶治元之皇清經解編目均係一書之目次或索引均當附原書以行

按皇清經解編目依十三經字句次第注其卷頁編爲目錄可以依目檢經依經證訓此爲圖書索引之一法最便於學惟與書目或目錄無關茲不具論

引用書目八之四

引用書目原爲學術書目然我國言類例者多不明分類哲學之原理故體義不分淆亂滋多如史書之分爲正史編年竊嘗痛論之矣書目之分類若以補志爲一類引用爲一類則斷難便於稽檢故現代之書目分類無是一類如本草綱目引用書目自當與醫學書目合爲一類然後學醫者可以取用茲仍另列一類者欲特爲提出便討論耳

我國引用書目舉例如次

李昉太平御覽引用書目太平廣記引用書目徐學乾讀禮通考引用書目夏疏古文四聲韻引用書目魏茂林駢雅訓纂引用書目趙翼三國志注引用書目吳任臣十國春秋引用書目朱彝尊日下舊聞考引用書目李之鼎建炎以來繫年要錄所引用書目方中德古事比引用書目葉德輝世說新語引用書目楊守敬水經注引用書目馬總意林采錄書目兩淮鹽筴志引證書目李時珍本草綱目引用書目汪師韓文選李注引用書目朱彝尊詞綜選錄詞家集目

沈嘉轍南宋紀事詩引用書目明詩綜采摭書目饒智元十國雜事詩引用書目

書目之書目八之五

書目之書目顧名思義知爲書目之總目也我國書目之刊行雖多而書目之書目則尠顧修之彙刻書目顧雲龍續胡俊章補羅振玉又續而日本松澤老泉有彙刻書目外集六卷與楊惺吾之增訂叢書舉要八十卷朱記榮行素堂目睹書目沈乾一叢書書目彙編均爲叢書目錄惟周貞亮朱之鼎之書目舉要（陳鐘凡補正）及邵瑞彭之書目長編爲純粹書目之書目前厦門大學國學研究院有輯中國書目志之議惜至今未見實行

書目之書目爲藏書家及書目學者所必備但此種著作卽歐美亦甚少刊行也茲錄數種以發其凡

版刻書目八之六

我國自印板行世校刻之書種類滋多公私雕鑄紛然雜陳宋元官板之外有浙本蜀本閩本江西本湖北本川大字本川小字本高麗本日本本岳珂刻九經三傳其沿革例稱有監本唐石刻本晉天福銅版本京師大字舊本紹興初監本監中現行本蜀大字舊本蜀學重刻大字

本中字本中字有句讀附音本潭州舊本撫州舊本建大字本俞紹京家本又中字凡四本婺州舊本並興國于氏建余仁仲凡二十本又越州注疏舊本建有音釋注疏本蜀注疏本合二十三本故書一種而有版本數十種校刊不同出入滋多自是藏書家均以版本相誇耀而著錄首言版本者以宋尤袤遂初堂書目爲始目錄中一書有數本乃至數十本之多因版本之不同字句之正誣於是有校讎之必要其鑒定版本之法是爲版本學

版刻書目猶言書目之以版別爲主也我國版本學者雖多而版刻書目仍不多睹除天祿琳瑯分列宋金元明諸版及宋元版書目專刻而外皆爲分類目錄而於提要之下注明版本校勘之語者皆非板刻書目之正體也且歷代所刋版刻書目均限于一時一地之藏未能究其流傳詳其存佚是則眞正之版刻書目中國仍未之有也至于楊守敬之留眞譜瞿啟安鐵琴銅劍樓之書景及京師圖書館所擬印之書式葉德輝書林清話等均爲研究版本之參考書亦非可謂爲版刻書目也

曹溶靜惕堂宋元人集目李振宜延令宋版書目彭元瑞天祿琳瑯朱彝尊潛采堂宋遼元人集目徐乾學傳是樓宋元版書目汪士鍾藝芸精舍宋元本書目江標鐵琴銅劍樓宋元本書

目又持靜齋宋元鈔本書目又海源閣宋元鈔本書目潘祖蔭滂喜齋宋元本書目莫友芝宋元舊本書經眼錄紀映鐘徵刻唐宋人秘本書目繆荃孫學部圖書館善本書目江瀚京師圖書館善本書目鄭懋德汲古閣校刻書目汲古閣刻板存亡考莫友芝邵亭見傳本書目嚴可均見存漢魏六朝文集版刻本目錄劉若愚內版經書紀略周弘祖古今書刻遂初堂絳雲樓汲古閣天一閣諸書目及四庫全書總目提要於版本校勘固多所發明論辨綦詳但非版刻書目故未入右目

考訂書目八之七

按考訂為著作體例未可自為一類各書之考訂如漢書藝文志考證當附漢書藝文志四庫全書考證當附四庫全書總目以見源委但總編諸書之考證亦可於書目總目之下別為一屬如姚際恆古今僞書考日本島田翰古文舊書考胡應麟四部正譌梅鷟明南雍經籍考馬貴與文獻通考經籍考周廣業四部寓眼莊述祖歷代載籍足徵錄袁昶經籍舉要陸心源羣書校補等略可備一格此外著錄不多無足述者

題跋八之八

古之編書必有其序所以條其流別詳其次第也然序有類序有書序類序者用以伸明各類之內容先後爲治分類法者應有之說明編目之先必定其類類例既定則目錄中無所用其序古人不知分類與編目之別故混爲一談凡編目者必有序焉書序者用以述明該書之內容以供學者之選擇所謂提要學是也亦有考其傳流得失以供書史學者之探討所謂題跋學是也亦有專言板本之雕刊而勘其正誤者所謂板目學校讎學是也亦有專事評論者所謂書評學是也向之目錄學者但知其一不知其二故往往混亂不可言狀如四庫全書提要則標明提要者也而按其凡例曰劉向校理秘文每書具奏曾鞏刊定官本亦各製序文然鞏好借題抒議往往冗長而本書之始末源流轉從疏略王堯臣崇文總目晁公武郡齋讀書志陳振孫書錄解題稍具崖略亦未詳明馬端臨經籍考薈萃羣言較爲賅博而兼收並列未能貫串折衷今於所列諸書各撰爲提要分之則散弁諸編合之則共爲總目每書先列作者之爵里以論世知人次考本書之得失權衆說之異同以及文字增刪篇帙分合皆詳爲訂辨巨細不遺而人品學術之醇疵國紀朝章之法戒亦未嘗不各昭彰癉用著勸懲其體例悉承聖斷亦古來之所未有也此則近於題跋書評而不可以言提要也今祇考本書之得失權衆說

之異同而於該書之內容不贅一辭讀者未見其書烏能知其得失哉其於類序則曰四部之首各冠以總序撮述其源流正變以絜綱領四十三類之首亦各冠以小序詳述其分併改隸以析條目如其義有未盡例有未該則或於子目之末或於本條之下附註案語以明通變之由夫書有應釋者有不應釋者鄭樵校讐略有泛釋無義論一篇書有不應釋論三篇書有應釋論一篇言之詳矣其言曰古之編書但標類而已未嘗注解其著注者人之姓名耳蓋經入經類何必更言經史入史類何必更言史但隨其凡目則其書自顯惟隋志於疑晦者則釋之無疑晦者則以類舉今崇文總目自出新意每書之下必著說焉據標類自見何用更爲之說且爲之說也已自繁矣何用一一說焉至於無說者或後書與前書不殊者則强爲之說使人意怠且太平廣記者乃太平御覽別出廣記一書專記異事奈何崇文之目所說不及此意但以謂博採羣書以類分門凡是類書皆可博採羣書以類分門不知御覽之與廣記又何異崇文所釋大槪如此舉此一條可見其他（校讐略泛釋無義論）

實錄自出於當代按崇文總目有唐實錄十八部既謂唐實錄得非出於唐人之手何須一一釋云唐人撰

凡編書皆欲成類取簡而易曉如文集之作甚多唐人所作自是一類宋朝人所作自是一類但記姓名可也何須一一言唐人撰一一言宋朝人撰然崇文之所作以爲衍文者不知其爲幾何此非不達理也著書之時原不經心耳

有應釋者有不應釋者崇文總目必欲一一爲之釋間有見名知義者亦彊爲之釋如鄭景岫作南中四時攝生論其名自可見何用釋哉如陳昌允作百中傷寒論其名亦可見何必曰百中者取其必愈乎（同上書有不應釋論）

隋志於他類只注人姓名不注義說可以睹類而知義也如史家一類正史編年各隨朝代易明不言自顯至於雜史容有錯雜其間故爲之注釋其易知者則否惟霸史一類紛紛如也故一一具注蓋有應釋者有不應釋者不可執一概之論按唐志有應釋者而一概不釋謂之簡崇文有不應釋者而一概釋之謂之繁今當觀其可不可（同上書有應釋論）惜鄭氏對於提要題跋書版書評之別亦未了了故言多似是而非夫題跋之法當審編目之原意與閱者之用途編目錄者但能充分表明該書之內容版本以供實用不必考其源流得失也編書目者則有學術之書目版刻之書目有書評之書目種類不同所言亦應各異未有不辨其體例而能論其應

中華書局印行

釋與不應釋者也

題跋之學世謂始於唐李肇經籍會通自是王堯臣崇文總目晁公武郡齋讀書志陳振孫直齋書錄解題而下均有書序其最著者有毛晉汲古閣書跋錢曾讀書敏求記王士禎漁洋書跋吳焯繡谷篸薰習錄孫星衍廉石居藏書記平津館鑒藏書籍記陳鱣經籍跋文吳壽暘拜經樓藏書題跋記彭元瑞知聖道齋讀書跋尾錢泰吉曝書雜記黃丕烈士禮居藏書題跋記百宋一廛書錄瞿中溶木居士書跋朱緒曾開有益齋讀書志張金吾愛日精廬藏書志潘祖蔭滂喜齋藏書記江藩半氈齋題跋羅振玉雪堂校刊羣書敘錄陸心源儀顧堂題跋繆荃孫紅雨樓書跋四庫全書總目提要

附燬闕書目八之九

嘉祐搜訪闕書目乾隆銷燬抽燬書目禁書書目姚覲元遺禁書目

校讎新義卷八終

校讐新義卷九

南海杜定友撰

藏書第九

藏書史料九之一

上古結繩而治後世聖人易之以書契百官以治萬民以察蓋取諸夬史記三皇本紀補伏羲氏生有聖德仰則觀象於天俯則觀法於地觀鳥獸之文與地之宜近取諸身遠取諸物始畫八卦以通神明之德以類萬物之情造書契以代結繩之政三皇五帝之世有三墳五典則我國圖書由來古矣毛漸三墳序春秋左氏傳云楚左史倚相能讀三墳五典八索九丘孔安國敍書謂伏羲神農皇帝之書謂之三墳言大道也漢書藝文志錄古書爲詳而三墳之書已不載豈此書當漢而亡與元豐七年予奉使西京巡按屬邑歷唐州之泌陽道無郵亭因寓食於民舍有題於戶三墳書某人借去亟呼主人而問之曰古之三墳也某家實有是書因命取而閱之三墳各有傳墳乃古文而傳乃隸書觀其言簡而理暢宜非後世之所能爲也就借而歸

錄間出以示好事往往指爲僞書然考墳之所以有三蓋以山氣形爲別山墳言君臣民物陰陽兵象謂之連山氣墳言歸藏生動長育止殺謂之歸藏形墳言天地日月山川雲氣謂之乾坤與先儒之說三墳特異皆以義類相從曲盡天地之理復有姓紀皇策政典之篇文辭質略信乎上古之遺書也引征引政典曰先時者殺無赦不及時者殺無赦孔氏以爲夏后爲政之典籍頗與書合豈後人之所能僞耶世人徒以此書漢時已亡非後世所宜有且尙書當漢初重購而莫得武帝時方出於屋壁間詎亦可指爲僞哉予考此書既篤信之將以詒諸好事君子故爲之敍云書經舜典帝曰咨四岳有能典朕三禮僉曰伯夷帝曰兪咨伯汝作秩宗是舜時已置寫書之官也禹鼎鑄奸說在山經商有天下之號書凡十七篇書經湯誓

右太古

周禮天官司書掌邦之六典八灋八則九職九正九事邦中之版土地之圖地官大司徒之職掌建邦之土地之圖與其人民之數以佐王安擾邦國以天下土地之圖周知九州之地域廣輪之數辨山林川澤丘陵墳衍原隰之名物而辨其邦國都鄙之數制其畿疆而封溝之設其社稷之壝而樹之田主各以其野之所宜木遂以名其社與其野以鄉三物敎萬民而賓興之

三曰六藝禮樂射御書數保氏養國子以道乃敎之六藝一曰五禮二曰六樂三曰五射四曰五馭五曰六書六曰九數春官大師敎六詩曰風曰賦曰比曰興曰雅曰頌瞽矇諷誦詩掌九德六詩之歌以役大師太卜掌三易之灋一曰連山二曰歸藏三曰周易其經卦皆八其別皆六十有四太史掌建邦之六典以逆邦國之治掌灋以逆官府之治掌則以逆都鄙之治凡辨法者考焉不信者刑之凡邦國都鄙及萬民之有約劑者藏焉以貳六官小史掌邦國之志奠繫世辨昭穆內史掌王之八枋之灋及國令之貳凡四方之事書內史讀之內史掌書王命遂貳之外史掌書外令掌四方之志三皇五帝之書達書名于四方若以書使于四方則書其令敬王之世孔子刪書訂禮史記孔子世家孔子自楚反乎衞年六十三魯哀公六年也孔子去魯凡十四歲而反乎魯魯終不能用孔子孔子亦不求仕孔子之時周室微而禮樂廢詩書缺追迹三代之禮序書傳上紀唐虞之際下至秦穆編序其事曰夏禮吾能言之杞不足徵也殷禮吾能言之宋不足徵也足則吾能徵之矣觀夏殷所損益曰後雖百世可知也以一文一質周監二代郁郁乎文哉吾從周故書傳禮記自孔氏孔子語魯太師樂其可知也始作翕如縱之純如皦如繹如也以成吾自衞反魯然後樂正雅頌各得其所古者詩三千餘篇及至孔子

去其重取可施於禮義上采契后稷中述殷周之盛至幽厲之缺始於衽席故曰關睢之亂以爲風始鹿鳴爲小雅始文王爲大雅始清廟爲頌始三百五篇孔子皆弦歌之以求合韶武雅頌之音禮樂自此可得而述以備王道成六藝孔子晚而喜易序彖繫象說卦文言讀易韋編三絕曰假我數年若是我於易則彬彬矣孔子以詩書禮樂教弟子蓋三千焉身通六藝者七十有二人如顏濁鄒之徒頗受業者甚衆魯哀公十四年春狩大野叔孫氏車子鉏商獲獸以爲不祥仲尼視之曰麟也取之曰河不出圖雒不出書吾已矣夫君子病沒世而名不稱焉吾道不行矣吾何以自見於後世哉乃因史記作春秋上至隱公下訖哀公十四年十二公據魯親周約其文辭而指博故吳楚之君自稱王而春秋貶之曰子踐土之會實召周天子而春秋諱之曰天王狩於河陽推此類以繩當世貶損之義後有王者舉而開之春秋之義行天下亂臣賊子懼焉孔子在位聽訟文辭有可與人共者弗獨有也至於爲春秋筆則筆削則削子夏之徒不能贊一辭弟子受春秋孔子曰後世知丘者以春秋而罪丘者亦以春秋莊子曰孔子西藏書於周室子路謀曰由聞周之徵藏史有老聃者免而歸居夫子欲藏書則試往因焉孔子曰善其後孔子周遊列國得覩一百二十國春秋墨子周遊載書百車管商立法家有其書

是春秋戰國公私藏書之富也韓非子

右周

史記始皇本紀三十四年始皇置酒咸陽宮博士七十人前爲壽僕射周青臣進頌曰他時秦地不過千里賴陛下神靈明聖平定海內放逐蠻夷日月所照莫不賓服以諸侯爲郡縣人人自安樂無戰爭之患傳之萬世自上古不及陛下威德始皇悅博士齊人淳于越進曰臣聞殷周之王千餘歲封子弟功臣自爲枝輔今陛下有海內而子弟爲匹夫卒有田常六卿之臣無輔拂何以相救哉事不師古而能長久者非所聞也今青臣又面諛以重陛下之過非忠臣始皇下其議丞相李斯曰五帝不相復三代不相襲各以治非其相反時變異也今陛下創大業建萬世之功固非愚儒所知且越言乃三代之事何足法也異時諸侯並爭厚招游學今天下已定法令出一百姓當家則力農工士則學習法令辟禁今諸生不師今而學古以非當世惑亂黔首丞相斯昧死言古者天下散亂莫之能一是以諸侯並作語皆道古以害今飾虛言以亂實人善其所私學以非上之所建立今皇上并有天下別黑白而定一尊私學而相與非法教人聞令下則各以其學議之入則心非出則巷議夸主以爲名異取以爲高率羣下以造謗

如此弗禁則主勢降乎上黨與成乎下禁之便臣請史官非秦紀皆燒之非博士官所職天下敢有藏詩書百家語者悉詣守尉雜燒之有敢偶語詩書棄市以古非今者族吏見知不舉者與同罪令下三十日不燒黥爲城旦所不去者醫藥卜筮種樹之書若欲有學法令以吏爲師制曰可秦火一炬私家藏書散燬甚夥而史官之藏未嘗失也故其後蕭何入咸陽尚得覩秦之律令圖書焉

右秦

漢興改秦之敗漢書高祖本紀云高帝元年冬十月蕭何盡取秦丞相府圖籍文書又惠帝本紀云惠帝四年三月甲子除挾書律元朔五年夏六月詔令禮官勸學講議洽聞舉經典遺逸者置博士弟子員建藏書之策置寫書之官下及諸子傳說皆充秘府藝文志曰昔仲尼沒而微言絕七十子喪而大義乖故春秋分爲五詩分爲四易有數家之傳戰國從衡眞僞分爭諸子之言紛然殽亂至秦患之乃燔滅文章以愚黔首漢興改秦之敗大收篇籍廣開獻書之路迄孝武世書缺簡脫禮壞樂崩聖上喟然而稱曰朕甚閔焉於是建藏書之策置寫書之官下及諸子傳說皆充秘府漢書成帝本紀河平三年秋八月乙卯光祿大夫劉向校中秘書謁者

陳農使使求遺書於天下藝文志云成帝時詔光祿大夫劉向校經傳諸子詩賦步兵校尉任
宏校兵書太史令尹咸校數術侍醫李國柱校方技每一書已向輒條其篇目撮其指意錄而
奏之向子歆河平中受詔與父向校秘書講六藝傳記諸子詩賦數術方技無所不究向卒哀
帝復使歆卒父業於是總羣書而奏其七略故有輯略有六藝略有諸子略有詩賦略有兵書
略有術數略有方技略按程氏演繁露漢世藏書舊知有禁中外臺之別今讀劉向敍載所定
列子之書而知中書之外又有太常太史與中秘而三也向言所校三藏本篇章大率中書多
外書少知漢留意中秘故比他本特備也史遷紬金匱石室以成史記豈嘗許其稽閱中秘耶
或太史所藏於漢家事實則金匱石室以加嚴耶然不知正在何地也隋書經籍志序向卒後
哀帝使其子歆嗣父之業乃徙温室中書於天祿閣上歆遂總括羣編撮其指要著爲七略大
凡三萬三千九十卷王莽之末又被焚燒

右漢

文獻通考初光武遷都洛陽其經牒秘書載之三千餘兩自此以後參倍於前隋書經籍志序
光武中興篤好文學明章繼軌尤重經術四方鴻生鉅儒負帙自遠至者不可勝算石室蘭臺

彌以充積又於東觀及仁壽閣集新書校書郞班固傅毅等典掌焉並依七略而爲書部又編之以爲漢書藝文志大凡書六略三十八種五百九十六家一萬三千二百六十九卷（漢書藝文志卷末）黃香傳元和元年肅宗詔香詣東觀讀所未嘗見書孔僖傳元和二年春帝東巡狩還過魯幸闕里以大牢祠孔子及七十二弟子作六代之樂大會孔氏男子二十以上者六十三人命儒者講論僖因自陳謝帝曰今日之會寧於卿宗有光榮乎對曰臣聞明王聖主莫不尊師貴道今陛下親屈萬乘辱臨敝里此迺崇禮先師增輝聖德至於光榮非所敢承帝大笑曰非聖者子孫焉有斯言乎遂拜僖郞中詔僖從還京師校書東觀後漢書安帝本紀永初四年春二月乙亥詔謁者劉珍及五經博士校定東觀五經諸子傳記百家藝術整齊脫誤是正文字後漢書靈帝本紀云熹平四年春三月詔諸儒正五經文字刻石立於太學門外文獻通考董卓移都之際吏民擾亂自辟雍東觀蘭臺石室宣明鴻都諸藏典策文章競共剖散其縑帛圖書大則連爲帷蓋小乃制爲幐囊及王允所收而西者裁七十餘乘道路艱遠復棄其半矣後長安之亂一時焚蕩莫不泯盡焉

右後漢

晉書職官志魏武爲魏王置秘書令丞及文帝黃初初置中書令而秘書改令爲監晉書鄭默傳默起家秘書郎考覈舊文删省浮穢中書令虞松謂曰今而後朱紫別矣按隋書經籍志序魏氏代漢采掇遺亡藏在秘書中外三閣魏秘書郎鄭默始制中經

右魏

荀勗傳武帝受禪領著作俄領秘書監與中書令張華依劉向別錄整理記籍晉書武帝本紀咸寧五年十月戊寅汲郡人不準掘魏襄王冢得竹簡小篆古文十餘萬言藏秘府按荀勗傳咸寧初得汲郡冢中古文竹書詔勗撰次以爲中經列在秘書按束晳傳太康二年汲郡人不準盜發魏襄王墓或言安釐王冢得竹書數十車其紀年十三篇記夏以來至周幽王爲犬戎所滅以事接之三家分仍述魏事至安釐王之二十年蓋魏國之史書大略與春秋皆多相應其中經傳大異則云夏年多殷益干啟位啟殺之太甲殺伊尹沃丁殺季歷自周受命至穆王百年非穆王壽百歲也幽王既亡有共伯和者攝行天子事非二相共和也其易經二篇與周易上下經同易繇陰陽卦二篇與周易略同繇辭則異卦下易經一篇似說卦而異公孫段二篇公孫段與邵陟論易國語三篇言楚晉事名三篇似禮記又似爾雅論語師春一篇書左傳

中華書局印行

諸卜筮師春似是造書者姓名也瑣語十一篇諸國卜夢妖怪相書也梁丘藏一篇先敘魏之世數次言丘藏金玉事繳書二篇論弋射法生封一篇帝王所封大歷二篇鄒子談天類也穆天子傳五篇言周穆王遊行四海見帝臺西王母圖詩一篇畫贊之屬也又雜書十九篇周食田法周書論楚事周穆王美人盛姬死事大凡七十五篇簡書折壞不識名題冢中又得銅劍一枚長二尺五寸漆書科斗字初發冢者燒策照取寶物及官收之多燼簡斷札文既殘缺不復詮次武帝以其書付秘書校綴次第尋考指歸而以今文寫之晳在著作得觀周書隋疑分釋皆有義證遷尙書郎隋書經籍志序魏秘書郎鄭默始制中經秘書監荀勗又因中經更著新簿分爲四部總括羣書一曰甲部紀六藝及小學等書二曰乙部有古諸子家近世子家兵書兵家術數三曰景部有史記舊事皇覽簿雜書四曰丁部有詩賦圖讚汲冢書大凡四部合二萬九千九百四十五卷但錄題及言盛以縹囊書用緗素至於作者之意無所論辨晉書武帝本紀太康元年三月壬申王濬以舟師至於建鄴之石頭孫皓大懼降於軍門濬收其圖籍又惠帝本紀云永平元年二月復置秘書監官元帝建武元年鳩聚遺書得三千一十四卷隋書經籍志惠懷之亂渠閣文集靡有子遺東晉之初漸更鳩聚著作郎李充以勗舊簿校之其

見存者有三千一十四卷充遂總沒衆篇之名但以甲乙爲次自爾因循無所變革隋書經籍志敘

右晉

隋書經籍志宋武入關收其圖籍府藏所有纔四千卷赤軸青紙文字古拙其後中朝遺書稍流江左宋元嘉八年秘書監謝靈運造四部目錄大凡六萬四千五百八十二卷元徽元年秘書丞王儉又造目錄大凡一萬五千七百四卷又別撰七志一曰經典志紀六藝小學史記雜傳二曰諸子志紀古今諸子三曰文翰志紀詩賦四曰軍書志紀兵書五曰陰陽志紀陰陽圖緯六曰藝術志紀方技七曰圖譜志紀地域及圖書其道佛附見合九條然亦不述作者之意但於書名之下每立一傳而又作九篇條例編乎首卷之中文義淺近未爲典則

右宋

文惠太子傳建元元年封南郡王時襄陽有盜發古塚者相傳云是楚王塚大獲寶物玉屐玉屛風竹簡書青絲編簡廣數分長二尺皮節如新盜以把火自照後人有得十餘簡以示撫軍王僧虔云是科斗書考工記周官所闕文也南齊書王儉傳永明三年詔於王儉宅開學士館悉以四部書充儉家隋書經籍志齊永明中秘書丞王亮監謝朏又造四部書目大凡一萬八

千一十卷

右南齊

梁書王泰傳天監元年遷秘書丞齊永元末後宮火延燒秘書圖書散亂殆盡泰爲丞表校定繕寫高祖從之隋書梁百官志秘書省置監丞各一人郎四人掌國之典籍圖書著作郎一人佐八人掌國史集注起居著作郎謂之大著作初梁周捨裴子野皆以他官領之又有撰史學士亦知史書佐郎爲起家之選經籍志齊末兵火延燒秘閣經籍遺散梁初秘書監任昉躬加部集又於文德殿內列藏衆書華林園中總集釋典大凡二萬三千一百六卷而釋氏不預焉梁有秘書監任昉殷鈞四部目錄又文德殿目錄其數術之書更爲一部使奉朝請祖暅撰其名故梁有五部目錄元帝克平侯景收文德殿之書及公私經籍歸於江陵大凡七萬餘卷

右梁

隋書經籍志梁經籍七萬餘卷周師入郢咸自焚之陳天嘉中又更鳩集考其篇目遺闕尙多

陳後主本紀太建十四年卽帝位四月庚子詔曰僧尼道士挾邪左道不依經律民間淫祀祆書諸異怪事詳爲條制竝皆禁絕

右陳

魏李先傳太祖問先曰天下何書最善可以益人神智先對曰唯有經書三皇五帝治化之典可以補王者神智又問曰天下書籍凡有幾何朕欲集之如何對曰伏羲創制帝王相承以至於今世傳國紀天文秘緯不可計數陛下誠欲集之嚴制天下諸州郡縣搜索備送主之所好集亦不難太祖於是頒制天下經籍稍集魏書孝文帝本紀太和九年春正月戊寅詔曰圖讖之興起於三季非經國之典徒爲妖邪所憑自今圖讖秘緯及名爲孔子閉房記者一皆焚之留者以大辟論及諸巫覡假稱神鬼妄說吉凶及委巷諸卜非墳典所載者嚴加禁斷又云太和十九年六月詔薛曇寶求天下遺書按魏書孝文帝本紀太和十九年六月癸丑詔求天下遺書秘閣所無有裨益時用者加以優償宣武帝本紀永平三年六月壬寅詔重求遺書於天下又按儒林孫惠蔚傳惠蔚遷秘書丞武邑郡中正惠蔚既入東觀見典籍未周乃上疏曰臣聞聖皇之御世也必幽贊人經參天貳地憲章典故述遵鴻猷故易曰觀乎天文以察時變觀乎人文以化成天下然則六經百氏圖書秘籍乃承天之正術治人之貞範是以溫柔疏遠詩書之教恭儉易良禮樂之道爻彖以精微爲神春秋以屬辭爲化故大訓炳於東序藝文光於

麟閣斯實太平之樞宗勝殘之要道有國之靈基帝王之盛業安上靖民敦風美俗其在斯乎及秦棄學術禮經泯絕漢興求訪典文載舉先王遺訓燦然復存暨光武撥亂日不暇給而入洛之書二千餘兩魏晉之世尤重典墳收亡集逸九流咸備觀其鳩閱史篇訪購經論紙竹所載略盡無遺臣學闕通儒思不及遠徒循章句片義無立而慈造曲覃厠班秘省忝官承乏唯書是司而觀閣舊典先無定目新故雜糅首尾不全有者累帙數十無者曠年不寫或篇第褫落始末淪殘或文壞字誤謬爛相屬篇目雖多全定者少臣請依前丞臣盧昶所撰甲乙新錄欲裨殘補闕併有無校練句讀以爲定本次第均寫永爲常式其省先無本者廣加推尋搜求令足然經記浩博諸子紛綸部帙既多章篇紕繆當非一二校書歲月可了今求令四門博士及在京儒生四十人在秘書省專精校考參定字義如蒙聽許則典文允正羣書大集詔許之

右北魏

文苑樊遜傳天保七年詔令校定羣書供皇太子遜與冀州秀才高乾和瀛州秀才馬敬德許散愁韓同賓洛州秀才傅懷德懷州秀才古道子廣平郡孝廉李漢子渤海郡孝廉鮑長暄陽平郡孝廉景孫前梁州府主簿王九元前開府水曹參軍周子深等十一人同被尚書召共刊

定時秘府書籍紕繆者多遜乃議曰按漢中壘校尉劉向受詔校書每一書竟表上輒言臣向書長水校尉臣參書大夫公太常博士書中外書合若干本以相比校然後殺青今所讐校供擬極重出自蘭臺御諸甲館向之故事見存府閣卽欲刋定必藉衆本太常卿邢子才太子少傅魏收吏部尙書辛術司農少卿穆子容前黃門郞司馬子瑞故國子祭酒李業興並是多書之家請牒借本參校得失秘書監尉瑾移尙書都坐凡得別本三千餘卷五經諸史殆無遺闕

隋書經籍志後齊遷鄴頗更搜聚迄於天統武平校寫不輟

右北齊

隋書經籍志保定之始書止八千後稍加增方盈萬卷又曰周武平齊先封書府所加舊本纔至五千

右周

隋書百官志高祖受命秘書省置監丞各一人郞四人校書郞十二人正字四人錄事二人領著作太史二曹著作曹置郞二人佐郞八人校書郞正字各二人太史曹置令丞各二人司歷二人監候四人其歷天文漏刻視祲各有博士及生員文帝本紀開皇三年三月丁巳詔購求

遺書于天下經籍志平陳以後經籍漸備檢其所得多太建時書紙墨不精書亦拙惡於是總集編次存爲古本召天下工書之士京兆韋霈南陽杜頵等於秘書內補續殘缺爲正副二本藏於宮中其餘以實秘書內外之閒凡三萬餘卷許善心傳高祖十七年除秘書丞于時秘藏圖籍尙多淆亂善心倣阮孝緒七錄更製七林各爲總敘冠於篇首又於部錄之下明作者之意區分其類例焉又奏追李文傳陸從典等學者十許人正定經史錯謬文獻通考煬帝卽位增秘書省官二十員並以學士補之帝好讀書著述自爲揚州總管置王府學士至百人常令修撰以至爲帝前後近二十載修撰未嘗暫停自經術文章兵農地理醫卜釋道乃至捕搏鷹狗皆爲新書無不精洽共成三十一部萬七千卷初西京嘉則殿有書三十七萬卷帝命秘書監柳顧言等詮次除其復重猥雜得正御本三萬七千餘卷納於東都修文殿又寫五十副本分爲三品上品紅瑠璃軸中品紺瑠璃軸下品漆軸于東都觀文殿東西廂構屋以貯之東屋藏甲乙西屋藏丙丁又聚魏以來古跡名畫於殿後起二臺東曰妙楷臺藏古跡西曰寶臺藏古畫又於內道場集道佛經別撰目錄其正御書皆裝翦華淨寶軸錦標於觀文殿前爲書室十四間牕戶牀褥厨幔咸極珍麗每三間開方戶垂錦幔上有二飛僊戶外地中施機發帝幸

書室有宮人執香爐前行踐機則飛僊下收幔而上戸扉及廚扉皆自啟出則復閉如故隋書經籍志大凡經傳存亡及道佛六千五百二十部五萬六千八百八十一卷

右隋

唐書藝文志初隋嘉則殿書三十七萬卷至武德初有書八萬卷武德四年置修文館於門下省掌詳正圖籍又置秘書省少監五月得隋書八千餘卷舟覆亡其書唐會要武德五年秘書監令狐德棻奏經籍亡逸請求遺書重加錢帛增置楷書繕寫數年間羣書畢備唐書百官志云武德九年改修文館爲弘文館掌詳正圖籍文藝崔行功傳初太宗命秘書監魏徵寫四部羣書將藏內府置讎正三十員書工百員徵徙職又詔虞世南顏師古踵領功不就貞觀十三年置崇賢館學士掌經籍圖書上元二年改崇賢館爲崇文館岐王範傳初隋亡禁內圖書湮放唐興募訪稍稍復出藏秘府長安初張易之奏潢治乃密使摹肖竊其眞藏於家册府元龜景龍三年六月以經籍多殘缺令京官有學行者分行天下搜括圖書百官志祕書省注龍朔二年改祕書省曰蘭臺垂拱元年曰麟臺太極元年曰祕書省有典書四人楷書十人令史四人書令史九人亭長六人掌固八人熟紙匠十人裝潢匠十人筆匠六人儒學傳序元宗詔羣

臣及府郡舉通經士而褚無量馬懷素等勸講禁中天子尊禮不敢盡臣之置集賢院部分典籍乾元殿博彙羣書至六萬卷經籍大備又馬懷素傳開元初爲戶部侍郎封常山縣公進兼昭文館學士篤學手未嘗廢卷謙恭愼畏推爲長者元宗詔與褚無量同爲侍讀更日番入詔句校祕書是時文籍盈漫皆炱朽蟫斷籤牓紛舛懷素建白願下紫微黃門召宿學巨儒就校繆缺又言齊以前舊籍王儉七志已詳請採近書篇目及前志遺者續儉志以藏祕府詔可卽拜懷素祕書監乃詔國子博士尹知章四門助教王直國子監趙元默陸渾丞吳綽桑泉尉韋述扶風丞馬利貞湖州司功參軍劉彥直臨汝丞宋辭玉恭陵丞陸紹伯新鄭尉李子釗杭州參軍殷踐猷梓潼尉解崇質四門直講余欽進士王愜劉仲丘右威衛參軍侯行果邢州司戶參軍袁暉海州錄事參軍晁良右率衛胄曹參軍毋煚滎陽主簿王灣太常寺太祝鄭良金等分部撰次踐猷從弟祕書丞承業武陟尉徐楚璧是正文字懷素奏祕書少監盧俌崔沔爲修圖書副使祕書郞田可封康子元爲判官然懷素不善著述未能有所緒別唐六典集賢書院知書官八人開元五年置注唐圖籍在祕書令祕書弘文史館司經崇文皆有之集賢所寫皆御本書四部分四庫四庫書兩京各一本共二萬五千九百六十卷寫以益州麻紙每庫二人

知寫書出納名目次序以備檢討百官志弘文館學士掌詳正圖籍校書郎二人從九品上掌校理典籍刊正錯謬凡學生教授考試如國子之制崇文館學士二人掌經籍圖書教授諸生課試舉送如弘文館校書郎二人從九品下掌校理書籍唐會要開元七年九月敕令麗正殿寫四庫書各於本庫每部別爲目錄有與四庫書名不類者依劉歆七略排爲七志藝文志唐分書爲四類曰經史子集而藏書之盛莫盛於開元其著錄者五萬三千九百一十五卷而唐之學者自爲之書者又二萬八千四百六十九卷嗚呼可謂盛矣六經之道簡嚴易直而天人備故其愈久而愈明其餘作者衆矣質之聖人或離或合然其精深宏博各盡其術而怪奇偉麗往往震發於其間此所以使好奇博愛者不能忘也然凋零磨滅亦不可勝數豈其華文少實不足以行遠歟而俚言俗說猥有存者亦其有幸不幸者歟今著于篇其有名而亡其書者十蓋五六也可不惜哉唐會要開元九年十一月十三日上凡二千六百五十五部四萬八千一百六十九卷分爲經史子集四部序例韋述撰毋煚又略爲四十卷爲古今書錄奏上賜銀絹二百按玉海舊史志載書錄序改舊傳之失三百餘條加新書之目六千餘卷凡四錄四十五家三千六十四部五萬一千八百五十二卷分四十類並有小序詞簡事具集賢注記開元

中華書局印行

十年九月張說都知麗正殿修書事祕書監徐堅爲副張悱改充知圖書括訪異書使按龍城錄開元文籍最備所藏至七萬卷學士張說等四十七人分司典籍舊唐書經籍志後序開元時甲乙丙丁四部書各爲一部置知書官八人分掌之凡四部庫書兩京各一本共一十二萬五千九百六十卷皆以益州麻紙寫其集賢院御書經庫皆鈿白牙軸黃縹帶紅牙籤史庫鈿青牙軸白縹帶綠牙籤子庫皆雕紫檀軸紫帶碧牙籤集庫皆綠牙軸朱帶白牙籤以分別之按唐會要開元十九年冬十月丙申車駕發京時集賢院四庫書總八萬九千卷經庫一萬三千七百五十二卷（注記五十三卷）史庫二萬八千八百二十卷子庫二萬一千五百四十八卷集庫一萬七千九百六十卷（注記六十九卷）其中雜有梁陳齊周隋代古書貞觀永徽乾封總章咸亨舊本又曰天寶三載四庫更造書目經庫七千七百七十七卷（集賢注記作七十六卷）史庫一萬四千八百五十九卷子庫一萬六千二百八十七卷集庫一萬五千七百二十二卷玉海四庫書目注天寶十二載十二月戊子左相希烈爲祕書省圖書使唐會要云天寶十四載四庫續寫一萬六千八百四十三卷藝文志云元載爲相奏以千錢購書一卷命拾遺苗發等使江淮括訪柳宗元陳京行狀京爲秘書少監自考功以來凡四命爲集賢學士在集賢奏祕書六員隸殿內而刊校

益理求遺書凡增繕者乃作藝文新志名曰貞元御府羣書新錄藝文志文宗時鄭覃侍講進言經籍未備因詔祕閣搜採於是四庫之書復完分藏於十二庫舊唐書文宗本紀開成元年五月庚申判國祭酒宰臣鄭覃奏太學新置五經博士各一人請依王府官例賜以祿粟從之七月戊辰朔御史臺奏祕書省管新舊書五萬六千四百七十六卷長慶二年已前並無文案太和五年已後並不納新書今請創立簿籍據闕添寫卷數逐月申臺從之九月辛卯敕祕書省集賢院應欠書四萬五千二百六十卷配諸道繕寫藝文志昭宗播遷京城制置使孫惟晟斂書本軍寓教坊於祕閣有詔還其書命監察御史韋昌範等諸道購求及徙洛陽蕩然無遺矣舊唐書經籍志昭宗卽位志弘文雅祕書省奏曰常省元掌四部御書十二庫共七百餘卷廣明之亂一時散失後來省司購募尚及二萬餘卷及先朝再幸山南尚存一萬八千餘卷竊知京城制置使孫惟晟收在本軍其御書祕閣見充教坊及諸軍人占住伏以典籍國之人經祕府校讐之地其書籍並望付當省校其殘缺徵令補輯樂人乞移他所並從之及遷都洛陽又喪其半平時載籍世莫得聞唐書藝文志經類著錄四百四十家五百九十七部六千一百四十五卷史類五百七十一家八百五十七部一萬六千八百七十四卷子類六百九家九百

六十七部一萬七千一百五十二卷集部八百十八家八百五十六部一萬一千九百二十三卷四部共二千四百三十八家三千二百七十七部五萬二千九十四卷

右唐

册府元龜同光元年二月制三館蘭臺藏書之府動盈萬計詳列九流爰自亂離悉多遺逸須行搜訪以備討尋天下有人能以經史及百家進納者所司立等第酬奬四月樞密使郭崇韜又奏曰伏以館閣四庫藏書舊日數目至多自廣明年後流散他方宜示奬酬俾申搜訪伏乞委中書門下再行勅命遍下逐道或有人家藏能以經史百家之書進獻數及四百卷以上者請委館司點勘無脫漏於卷軸無重疊於篇題比外寫札精詳裝飾周備當據部帙聞奏請量等級除官仍仰長吏明懸牓示郎鄉校庠塾之業漸闡皇風金石絲竹之音無虞墜典敕史館提舉敕書節文購求經史頗爲允當宜許施行今宜添進納四百卷已下三百卷已上皆成部帙不是重疊及紙墨書寫精細已在選門未合格人一百卷與減一選無選減數者注官日優與處分無官者納書及三百卷特授設官按文獻通考同光中募民獻書及三百卷授以試銜其選調之官每百卷減一選又天成中遣都官郎中庾傳美訪圖書于蜀得九朝實錄及雜言

千餘卷而已

右後唐

册府元龜顯德三年十二月詔曰史館所少書籍令本館諸處求訪補塡如有收得書籍之家並許進納其進書人部帙多少等第各與恩澤如卷帙少者量給資布如館內已有之書不在進納之限

右後周

遼史太宗本紀大同元年正月丁亥朔備法駕入汴御崇元殿受百官賀三月壬寅晉諸司僚吏嬪御宦寺方技百工圖籍歷象石經銅人明堂刻漏太常樂譜諸宮懸鹵簿法物及鎧仗悉送上京文學傳序太宗入汴取晉圖書禮器而北然制度漸以修舉

右遼

藝文志宋初有書萬餘卷其後削平諸國收其圖籍及下詔遣使三館之書稍復增益文獻通考乾德三年平蜀遣右拾遺孫逢吉往收其圖籍凡得書萬三千卷又曰乾德四年詔購募亡書三禮涉弼三傳彭幹學究朱載等皆詣闕獻書合千二百二十八卷詔分置書府弼等並賜

以科名八月詔史館凡吏民有以書籍來獻當視其篇目館閣中所無者收之獻書人送學士院試問吏理堪任職官者具以名聞玉海云乾德六年史館新定書目四卷又云建隆初三館書僅萬二千餘卷及平諸國收圖籍蜀江南最多開寶中參以書爲八萬卷凡得蜀書一萬三千卷江南書三萬餘卷太宗太平興國二年九月幸新修三館書院文獻通考曰先是朱梁都汴正明中始以今右長慶門東北廬舍十數間爲三館湫隘卑庳纔蔽風雨周廬徼道出于其側衞士騶從朝夕喧雜歷代以來未遑改作每諸儒受詔有所論譔卽移於他所始能成之太平興國初因幸三館顧左右曰若此之陋豈可以蓄天下圖籍延四方之士耶卽詔經度左昇龍門東北舊車路院別建三館命中使督其役棟宇之制皆親所規畫又曰太平興國三年二月書院成詔曰國家建新崇構大集羣書宜錫嘉名以光策府其三館新修書院宜目爲崇文院自經始至于畢功臨幸者再輪奐壯麗甲於內庭西序啟便門以備行幸于是盡遷舊館之書以實之院之東廊爲昭文書庫南廊爲集賢書庫分經史子集四部爲史館書庫六庫書籍正副本凡八萬卷策府之文煥乎一變矣玉海云太平興國四年建太清樓于迎陽門後苑長編云太清樓藏太宗御製及墨蹟石本九百三十四卷軸四部羣書二萬三千七百二十五卷

其後羣書增及一萬一千二百九十三卷太宗御集御書又七百五十三卷太平興國七年以
御書二百九卷藏祕閣又曰太平興國九年正月壬戌詔中外上三館闕書及三百卷當甄錄
自是四方書籍往往間出上謂侍臣曰敎化之本治亂之原無書籍何以取法今三館貯書數
雖不少若觀開元書目卽遺逸尙多宜廣行求訪乃詔以開元四部書目比校闕者搜訪具錄
所少書示中外按藝文志分三館書萬餘卷別爲書庫目曰祕閣閣成親臨幸觀書賜從臣及
直館宴又命近習侍衞之臣縱觀羣書又按職官志直祕閣人國初以史館昭文館集賢院爲
三館皆寓崇文院端拱元年詔就崇文院中堂建祕閣擇三館眞本書籍萬餘卷及內出古畫
墨蹟藏其中以右司諫直史館宋泌爲直祕閣直館直院則謂之館職以他官兼者謂之貼職
又祕閣注端拱元年建祕閣於院中昭文館史館集賢院皆沿唐制立名俱有書庫寓於崇文
院廡下三館祕閣崇文院各置貼職官又有集賢殿修撰直龍圖閣校勘通謂之館閣謝泌傳
端拱初直史館言圖書多失次序唐景龍中嘗分經史子集爲四庫命薛稷沈佺期武平一馬
懷素分掌遂令分典四部以泌知集庫文獻通考淳化二年五月以史館所藏天文歷算陰陽
術數兵法之書凡五千十二卷天文圖畫一百十四卷悉付祕閣八月賜宴于祕閣右僕射李

昉吏部尙書宋琪左散騎常侍徐鉉及翰林學士諸曹侍郎給事中諫議舍人等皆預焉大陳圖籍令觀之翌日又詔御史中丞王化基及直館并賜宴復令觀書是歲李至等上言曰王者藏書之府自漢置未央宮則有麒麟天祿命劉向揚雄典校其書皆在禁中謂之中書卽內庫書也後漢之東觀亦禁中也至桓帝始置祕書監掌禁中圖書祕記謂之祕書及魏文帝分祕書立中書而祕書監專掌藝文圖籍之事後以祕書屬少府王肅爲祕書監表論曰魏之祕書卽漢之東觀也由是不屬少府而蘭臺亦藏書故薛夏云蘭臺爲外臺祕書爲內閣然則祕閣之書藏于內明矣晉宋以還皆有祕閣之號故晉孝武好覽文藝敕祕書郎徐廣料祕閣四部書三萬餘卷宋謝靈運爲祕書監補祕閣之遺逸齊末兵火延燒祕閣經籍遺散梁江子一亦請歸祕閣觀書隋煬帝寫祕閣之書分爲三品於是觀文殿東西廊貯然則祕閣之設其來久矣及唐開元中繕寫四部書以充內庫命散騎常侍褚無量祕書監馬懷素總其事之成列於乾元殿之東廊然則祕閣之書皆置之於內也自唐室陵夷中原多故經史文籍蕩然流離僅及百年斯道幾廢國家承衰弊之季開政治之原三館之書購求漸廣經籍之道於是復興陛下運獨見之明下惟新之詔復建祕閣以藏奇書總羣經之博要資乙夜之觀覽故實出于宸

心非因羣下之建議也況睿藻神翰盈溢編帙其所崇重非復與羣司爲比然自創置之後載離寒暑而宮司所處未有定制望降明詔令與三館並列敍其先後著爲永式其祕書省既無籍元隸百司請爲舊制詔可其奏列祕閣次于三館按玉海至道元年六月十日乙酉遣裴愈往江南求圖籍戊戌上草書經史故事三十六紙詔翰林侍讀呂文仲一一讀之因刻石以數百本並祕閣官吏姓名付內侍裴愈令于江東名山福地道宮佛廟各藏三五本或高逸不仕純樸有行好古博雅爲州里所稱者分以賜之又云咸平元年正月丁丑劉可名上言諸經板本多誤上令頤正詳校可名奏詩書正義差誤事二月庚戌奭等改正九十四字沆預政二年命祭酒邢昺代領其事舒雅李維李慕清王渙劉士元預焉五經正義始畢國子監刻諸經正義板以趙安仁有蒼雅之學奏留書之踰年而畢十一月以三館祕閣書籍歲久不治詔朱昂杜鎬與劉承珪整比著爲錄又二年閏三月甲午詔寫三館四部書甲子詔求逸書又三年二月丙午朱昂以司封郎中加吏部杜鎬以校理爲直祕閣賜金紫昂等受詔編館閣圖籍目錄至是奏御故獎之眞宗實錄景德二年四月戊戌幸龍閣閱太宗御書觀諸閣書畫閣藏太宗御製書幷文集總五千一百十五卷軸冊下列六閣經典總七千二百五十八卷目錄三十卷

正經經解訓詁小學儀注樂書史傳總七千二百五十八卷目錄四百四十二卷正史編年雜史史鈔故事職官傳記歲時刑法譜牒地理僞史子書總八千四百八十九卷儒家道書釋書子書類書小說算術醫書文集總七千一百八卷別集總集天文總二千五百六十一卷兵書曆書天文占書六壬遁甲太一氣神相書卜筮地理二宅三命選日雜錄圖畫總七百一卷軸冊古畫上中品新畫上品又古賢墨跡總二百六十六卷上曰退朝之暇聚圖書以自娛總二萬九千七百十四卷又曰龍閣書屢經讐校最爲精詳已傳寫一本置太清樓朕求書備至故奇書祕籍無隱焉又按玉海景德四年三月乙巳召輔臣對于苑中登太清樓觀太宗聖製御書及新寫四部羣書上親執目錄令黃門舉其書示之總太宗聖製詩及故事墨跡三百七十五卷文章九十二卷經庫二千九百一十五卷史庫七千三百四十五卷子庫八千五百七十一卷集庫五千三百六十一卷四部書共二萬五千一百九十二卷又出御製太清樓新寫御覽書籍記又東至玉宸殿召輔臣至玉宸殿蓋退朝燕息之所帷帳無文采歷翔鸞儀鳳二閣作五言詩從臣皆賦殿在太清樓之東聚書八千餘卷上曰此唯正經正史屢經校讐他小說不與其後羣書又增及一萬一千二百九十三卷太宗御集御書又七百五十二卷玉宸殿蓋上宴息之所

中施御楊帷帳皆黃緡爲之無文飾東西聚書八千餘卷按中興書目有皇朝祕閣書目一卷十九門六千七百九卷不知作者景德四年五月己亥廣祕閣先是上謂輔臣曰國家搜訪圖書其數漸廣臣庶家有聚書者皆令借目錄參校內府館閣所有缺者借本補寫所得甚多玉海大中祥符三年正月二十八日召近臣觀龍圖閣太宗御書及四部書籍又至閣西觀畫命馬知節評之書凡三萬六千三百八十卷崇文院龍圖閣皆有四部書按玉海景祐初命翰林學士張觀制誥李淑宋祁編四庫書判館閣官覆視錄校二年上經史八千四百二十五卷四月戊辰賜楚州學九經又曰五月遣使求閣館逸書景祐初命張觀等編四庫書二年上經史明年上子集萬二千三百六十六卷差賜官吏器幣就宴輔臣兩制館閣官進管勾內侍官一等又文獻通考慶歷元年十二月己丑翰林學士王堯臣等上新修崇文總目六十卷其書總數凡三萬六千六十九卷自太祖平定四方天下之書悉歸藏室太宗眞宗訪求遺逸小則賞以金帛大則授之以官又經書未有板者悉令刋刻由是大備起祕閣貯之禁中

玉海館閣編定書籍官以祕閣校理蔡抗陳襄集賢校理蘇頌館閣校勘陳繹分史館昭文館集賢院祕閣而編定之初右正言吳及言祖宗更五代之弊設文館以待四方之士而公相率

由此進故號令風采不減漢唐近年用內臣監館閣書庫借出書籍亡失已多又簡編脫落書史補寫不精非國家崇儒學之意請選館職三兩人分館閣吏人編寫書籍其私借出與借之者並法坐之仍請求訪所遺之書因命抗等令不兼他局二年一代之六月己巳又益編校官每館二員給本官食公使十千及二年者選入京官除館閣校勘朝官除校理又云嘉祐五年八月壬申詔祕府書視開元錄多遺軼開賞科以廣獻書之路詔曰國初承五代之後簡編散落三館聚書僅纔萬卷其後平定列國先收圖籍亦嘗分遣使人屢下詔令訪募異本校定篇目聽政之暇無廢覽觀然比開元遺逸尚衆宜加購賞以廣獻書中外士庶幷許上館閣闕書卷支絹一疋五百卷與文資官又曰嘉祐六年六月開獻書之路詔諸道搜訪中興書目有嘉祐搜訪闕書目一卷首載六年六月求遺書或云四館之職歷差陳洙至王安國十六人熙寧中罷局十二月辛丑三館祕閣上寫黃本書六千四百九十六卷補白本書二千（一云一千）九百五十四卷二十二日壬寅遣中使詔中書樞密院（宰相韓琦以下）合三館祕閣官屬四十一人賜宴以嘉其勤（宴崇文院刻石記于院之西壁）先是崇文白本書歲久多蠹又多散失置官校正補寫別本亦以黃紙以絕蠹敗至是上之其編校官昭文館職方員外孟詢（一作向）大理評事趙彥若史館集賢校理

竇卞太平司法參軍曾鞏集賢院國子監直講錢藻祕閣館閣校勘孫洙國子監直講孫忠恭
校小學太常博士張次立又文獻通考熙甯四年集賢院學士史館修撰宋敏求言前代崇建
冊府廣收典籍所以備人君覽觀以化成天下今三館祕閣各有四部書外經史子集其書類
多訛舛累加校正尙無善本蓋逐館幾四萬卷校讐之時務存速畢每帙止用元寫本一册校
正而已更無兼本照對第數既多難得精密故藏書雖富未及前代欲乞先以前漢書藝文志
所載者廣求其本令在官供職官重復校正校正既畢然後校後漢時諸書竊緣戰國以後及
于兩漢皆是古書文義簡奧多有脫誤須得他本參定乞依昨來十七史例于京師及下諸路
藏書之家借本謄寫送官俟其已精方及魏晉次及宋齊至唐則分爲數等取其堪傳者則校
正庶幾祕府文籍得以全善事雖不行然補寫校定訪求闕遺未嘗廢也七年命三館祕閣編
校所看詳成都府進士郭有直及其子大亨所獻書三千七百七十九卷得祕書所無者五百
三卷詔官大亨爲將作監主簿自是中外以書來上凡增四百四十部六千九百三十九卷元
豐三年改官制廢館職以崇文院爲祕書省刋寫分貯集賢院史館昭文館祕閣經籍圖書以
祕書郎主之編輯校定正其脫誤則校書郎正字主之歲于仲夏曝書則給酒食費諫官御史

及待制以上官畢赴又曰大觀四年祕書監何志同言漢志七略凡爲書三萬三千九百卷隋所藏至三十七萬卷唐開元間八萬九千六百卷慶歷間常命儒臣集四庫爲籍名曰崇文總目凡三萬六百六十九卷慶歷去今未遠也按籍而求之十纔六七號爲全本者不過二萬餘卷而脫簡斷編亡散闕逸之數浸多謂宜及今有所搜採視舊錄有未備者頒其名數于天下選文學博雅之士求訪總目之外並借傳寫或官給箚卽其家傳之就加校正上之策府卽從其請玉海政和七年十一月十四日戊戌校書郎孫覿奏四庫書尙循崇文舊目頃訪求遺書總目之外凡數百家幾萬餘卷請譔次增入總目合爲一卷詔覿及著作郎倪濤校書汪藻劉彥適譔次名曰祕書總目按文獻通考宣和初提舉祕書省官建言置補寫御前書籍所于祕書省搜訪天下之書以資校對以侍從官十人爲參詳官餘官爲校勘官進士以白衣檢閱者數人及年皆命以官四年四月詔曰朕惟太宗皇帝庇甯區宇作新斯文屢下詔書訪求亡逸册府四部之藏庶幾乎古歷歲浸久有司玩習多致散缺私室所祕世或不傳可令郡縣諭旨訪求士民以家藏書所在自陳不以卷帙多寡先具篇目申提舉祕書省以聞聽旨迭進可備收錄當優與支賜或有所祕未見之書有足觀采卽命以官議加崇獎其書錄竟給還若率先

奉行訪求最多州縣亦具名聞庶稱朕表章闡繹之意又詔曰三館圖書之富歷歲滋久簡篇脫落字畫訛舛校其卷帙尚多遺逸甚非所以示崇儒右文之意迺命建局以補全校正文籍爲名議官總理募工繕寫一置宣和樓一置太清樓一置祕閣俾提舉祕書省官兼領凡所資用悉出內帑毋費有司庶成一代之典三詔同日而下四方奇書自是間出按藝文志嘗歷考之始太祖太宗眞宗三朝三千三百二十七部三萬九千一百四十二卷次仁英兩朝一千四百七十二部八千四百四十六卷次神哲徽欽四朝一千九百六部二萬六千二百八十九卷三朝所錄則兩朝不復登載而錄其所未有者四朝於兩朝亦然最其當時之目爲部六千七百有五爲卷七萬三千八百七十有七焉按玉海紹興二年二月甲子詔平江守臣訪求圖籍四月詔分經史子集四庫分官日校四月乙亥初命館職校御府書籍先是祕書少監王昂言本省御府書籍四百九十二種今又有曾旼家藏書二千六百七十八卷欲分定四庫分官日校二十一板從之又三年四月二十一日劉岑請詔四方求遺書從之藝文志云靖康之難宣和館閣之儲蕩然靡遺高宗移蹕臨安乃建祕書省於國史院之右搜訪遺闕屢優獻書之賞於是四方之藏稍稍復出而館閣編緝日益以富矣當時類次書目得四萬四千四百八十六

卷按玉海云陳騤編館閣錄載祕閣諸庫書目御札六百七軸三十五冊五道太上聖政六十一冊日歷一千二冊並藏閣上經史子集四類一萬三千五百六卷三千九百五十八冊分兩庫御前書經史子集四類二千五百二卷六百十四冊四庫書經史子集二萬三千五百八十三卷六千五百十二冊續搜訪庫經史子集二萬三千一百四十五卷七千四百五十六冊諸州印板書六千九十八卷一千七百二十一冊又云淳熙五年六月九日上中興館閣書目七十卷序例一卷（序例凡五十五條）凡五十二門計見在書四萬四千四百八十六卷較崇文所載多一萬三千八百十七卷復參三朝史志多八千二百九十卷兩朝史志多三萬五千九百九十二卷閏六月十日令浙漕司摹板九月十二日壬申幸祕書省觀圖書宴右文殿十四日詔祕書省印館閣書目以二十部進入先是三月騤等言慶歷元年崇文總目成參政王舉正上言今書目成書宜於參政過局日觀閱投進從之嘉定十三年以四庫之外書復充斥詔祕書丞張攀等續書目又得一萬四千九百四十三卷而太常太史博士之藏諸郡諸路刻板而未獻者不預焉蓋自紹興至嘉定承平百載遺書十出八九著書立言之士又益衆往往多充祕府紹定辛卯火災書多闕今據書目續書目及搜訪所得嘉定以前書詮校而志之按藝文志甯宗

時續書目又得一萬四千九百四十三卷視崇文總目又有加焉自是而後迄於終祚國步艱難軍旅之事日不暇給而君臣上下未嘗頃刻不以文學爲務大而朝廷微而草野其所製作講說紀述賦詠動成卷帙絫而數之有非前代之所及也雖其間鉥裂大道疣贅聖謨幽怪恍惚瑣碎支離有所不免然而瑕瑜相形雅鄭各趣譬之萬派歸海四瀆可分繁星麗天五緯可識求約於博則有要存焉宋舊史自太祖至甯宗爲書凡四志藝文者前後部帙有亡增損互有異同今删其重複合爲一志蓋以甯宗以後史之所未錄者倣前史分經史子集四類而條列之大凡爲書九千八百十九部十一萬九千九百七十二卷云

右宋

金史太祖本紀天輔五年十一月戊申詔曰若克中京所得禮樂儀仗圖書文籍並先次津發赴闕按宗翰傳天會五年四月以宋二主及其宗族四百七十餘人及珪璋寶印袞冕車輅祭器大樂靈臺圖書與大軍北還章宗本紀泰和元年冬十月敕有司購遺書宜償其價以廣搜訪藏書之家有珍惜不願送官者官爲謄寫畢復還之仍量給其值之半

右金

元史太宗本紀五年春正月戊辰崔立以南京降取圖書按張柔傳授保州等處都元帥從睿宗伐金崔立以汴京降柔於金帛一無所取獨入史館取金實錄并祕府圖書按世祖本紀至元十二年二月丙辰宋兵大潰得督府圖籍符印九月丙申以玉昔帖木兒爲御史大夫括江南諸郡書及臨安祕書省乾坤寶典等書按伯顏傳宋軍敗何瑋李庭等并舟深入伯顏命步騎左右掎之追殺百五十餘里得船二千餘艘及其軍資器仗圖籍符印又丁未詔諭臨安新附府州司縣官吏士民軍卒人等曰百官有司諸王邸第三學寺監祕省史館及禁衞諸司各宜安居祕書省圖書太常寺祭器樂器樂工鹵簿儀衞宗正譜牒天文地理圖冊凡典故文字并戶口版籍盡仰收拾伯顏就遣宋內侍王埜入宮收宋國袞冕圭璧符璽及宮中圖籍寶玩等物丁巳命焦友直括宋祕書省禁書圖籍三月丁卯伯顏入臨安遣郎中孟祺籍宋祕書省國子監國史院學士院太常寺圖書等物十月丁亥兩浙宣撫使焦友直以臨安經籍圖書陰陽祕書來上又按王都仲傳父積翁仕宋爲寶章閣學士福建制置使至元十三年宋主納土乃以全閩八郡圖籍來入覲世祖于上京二十一年五月庚午括天下私藏天文圖讖太乙雷公式七曜歷推背圖苗太歷有私習及收匿者罪之按仁宗本紀武宗至大二年九月命集賢

學士趙孟頫繪圖藏諸祕書

右元

明紀事本末至正二十六年夏六月命有司訪求古今書籍藏之祕府以資覽閱因謂侍臣詹同等曰三皇五帝之書不盡傳於世故後世鮮知其行事漢武帝購求遺書六經始出唐虞三代之治可得而見武帝雄才大略後世罕及至表章六經闡明聖賢之學尤有功于後世吾于宮中無事輒取孔子之言以觀之如節用而愛人使民以時眞治國良規孔子之言誠萬世師也洪武元年二月庚午命選國子監生侍太子讀書十一月辛丑建大本堂取古今圖籍充其中延儒臣教授太子諸王以起居注魏觀侍太子說書按焦竑國史經籍志序太祖高皇帝伐燕首命大將軍收祕書監圖書及太常灋服祭器儀象版籍既定燕復詔求四方遺書按春明夢餘錄文淵閣係中祕藏書之所明初伐燕詔大將軍收祕書監圖書典籍太常法服祭器儀衞及天文儀象地理戶口版籍既定燕詔求遺書散民間者明外史王艮傳艮字敬止吉水人建文二年進士授翰林院修撰設文史館居之類次祕閣書目諸大著作皆綜理之按明朝肇運紀永樂四年三月辛卯朔上謁孔子皮弁四拜視太學祭酒胡儼等講經明日上爲文刻石

四月求遺書閏七月敕下南安郡邑勿毀文籍圖書又按明紀永樂四年上問文淵閣經史子集皆備乎解縉對曰經史粗備子集多闕上曰古人家稍有餘貲皆欲購書況朝廷而可闕乎令擇通知經籍者四出購求又五年十一月太子少師姚廣孝等進重修文獻大成更賜名永樂大典上爲序略曰命文學之臣纂集四庫之書及購募天下遺籍上自古初迄於當世旁搜博採彙聚羣分著爲奧典以氣天地之始也有氣斯有聲有聲斯有字故用韻以統字用字以繫事揭其綱而目必張振其始而末具舉包括宇宙之廣大統會古今之異同巨細精粗粲然明備其餘雜家言亦皆得以附見蓋網羅無遺以存考索使觀者因韻以求字因字以考事自源徂流如射中鵠開卷而無所隱始于元年之秋而成于五年之冬總二萬二千九百二十七卷名曰永樂大典明外史許天錫傳天錫宏治六年進士歷吏科給事中十二年建安書房火天錫言闕里孔廟甫災建安又火古今書板蕩爲灰燼闕里道所從出書林文章所萃聚也春秋書宣榭火說者曰榭所以藏樂器也天意若曰不能行政令何以禮樂爲禮樂不行天故火其藏以戒也今書林之火得毋類是請遣官臨視刊定經史有益之書其餘晚宋陳言及一切舉業餖飣禁毋鋟刻所司議從其言就令提學官校勘按春明夢餘錄弘治十五年閣學士丘

濬請于文淵閣近地別建重樓不用木植專用磚石將累朝實錄御製玉牒及干係國家大事文書盛以銅櫃庋于樓之上層如詔册制誥行禮儀注前朝遺文舊事與凡內府衙門所藏文書可備異日纂修經史之用者盛以鐵櫃庋之下層每歲曝書先期奏請委翰林院堂上官一員曬晾事畢封識內外因事欲有稽考者必須請旨不許擅開旨允行

右明

康熙二十五年諭禮部翰林院自古帝王致治隆文典籍俱備猶必博採遺書用充祕府蓋以廣見聞而資掌故甚盛事也朕留心文藝晨夕披閱雖內府書籍篇目粗陳而搜集未備因思通都大邑應有藏編野乘名山豈無善本今宜廣爲訪輯搜羅罔遺以副朕稽古崇文之至意又曰自古經史書籍所重發明心性裨益政治必精覽詳求始成內聖外王之學朕披閱載籍研究義理凡厥指歸務期於正諸子百家泛濫奇詭有乖經術今搜訪藏書善本惟以經學史乘實有關係修齊治平助成德化者方爲有用其他異端稗說概不准錄當時所收甚富因輯爲圖書集成幾及萬卷乾隆三十七年正月初四諭曰朕稽古右文聿資治理幾餘典學日有孜孜因思策府縹緗載籍極博其鉅者羽翼經訓垂範方來固足稱千秋法鑒卽在識小之徒

專門撰述細及名物象數兼綜條貫各自成家亦莫不有所發明可為游藝養心之一助是以
御極之初即詔中外搜訪遺書並令儒臣校勘十三經二十一史徧布黌宮嘉惠後學復開館
纂修綱目三編通鑑輯覽及三通諸書凡藝林承學之士所當戶誦家絃者既已薈萃略備第
思讀書固在得其要領而多識前言往行以畜其德惟搜羅益廣則研討愈精如康熙年間所
修圖書集成全部兼收並錄極方策之大觀引用諸編率屬因類取裁勢不能悉載全文使閱
者沿流溯源一一徵其来處今內府藏書插架不為不富然古今來著作之手無慮數千百家
或逸在名山未登柱史正宜及時採集彙送京師以彰千古同文之盛其令直省督撫會同學
政等通飭所屬加意購訪除坊肆所售舉業時文及民間無用之族譜尺牘屏幛壽言等類又
其人本無實學不過嫁名馳騖編刻酬倡詩文瑣屑無當者均無庸採取外其歷代流傳舊書
內有闡明性學治法關繫世道人心者自當首先購覓至若發揮傳注考覈典章旁暨九流百
家之言有裨實用者均應備為甄擇又如歷代名人洎本朝士林宿望向有詩文專集及近時
沈潛經史原本風雅如顧棟高陳祖范任啟運沈德潛輩亦各著成編並非勦說卮言可比均
應槩行查明在坊肆者或量為給價家藏者或官為裝印其有未經鐫刊祗係抄本存留者不

妨繕錄副本仍將原書給還竝嚴飭所屬一切善爲經理毋使吏胥藉端滋擾但各省蒐輯之書卷帙必多若不加之鑑別悉令呈送煩複皆所不免著該督撫等先將各書敘列目錄注係某朝某人所著書中要旨何在簡明開載具摺奏聞候彙齊後令廷臣檢覈有堪備閱者再開單行知取進庶幾副在石渠用儲乙覽從此四庫七略益昭美備稱朕意焉

書成凡十七萬卷（詳見庫第二之二）分繕七部建文淵閣於北京紫禁城文源閣於圓明園文溯閣於奉天陪都文津閣於塞外熱河謂之內廷四閣又以江浙兩省爲全國文學之苑囿乃建文匯閣於江蘇揚州之大觀堂文宗閣於鎮江金山寺文瀾閣於浙江杭州之聖因寺謂之江浙三閣所搜書籍均嚴辨姸媸自乾隆三十九年至四十七年據兵部所報天下銷燬之書都五百三十八種一萬三千八百六十二部三倍於原書著錄嗚呼可謂慘矣

右清

私家藏書代有其人茲錄其過萬卷者如次

博物志曰蔡邕有書近萬卷漢末年載數車與王粲粲亡相國掾魏諷謀反粲子焉既被誅邕所與粲書悉入粲族

南史曰張纘字伯緒兄緬有書萬餘卷晝夜披覽殆不釋手　又曰沈約字休文好墳籍聚書至二萬卷都下無比　又曰任昉字彥升家雖貧聚書至萬餘卷率多異本後武帝使學士賀縱及沈約勘其書目官無者就其家取之　又曰王僧孺字僧孺好墳籍聚書至萬餘卷率多異本與沈約任昉家埒

隋書傳曰許善心字務本家有舊書萬卷皆徧通涉

唐書曰蔣乂家藏書至萬五千卷　又曰韋述蓄書二萬卷皆手校定黃墨精謹內祕書不如也　又曰李磎字景望家有書至萬卷號李書樓　又曰韋處厚字德載家書讐正至萬卷　又曰蘇弁聚書至二萬卷手自讐定當時稱與祕府侔　又曰田弘正字安道起樓聚書萬餘卷　又曰柳仲郢家有書萬卷所藏必三本上者貯庫其副常所閱下者幼學焉　村牧上知己文書曰上都有第惟書萬卷　韓愈詩曰鄴侯家多書插架三萬軸

鴻書吳兢西齋一萬三千四百卷　又曰宋末惟直齋陳氏書最多至四萬一千八百餘卷且倣讀書志作解題極爲精核　又曰聞浦陽鄭氏家有藏書若干楹其額是建文君所題擘窠大書御書樓三字所藏書至八萬卷又曰周公謹家三世積書凡有四萬二千餘卷及三代以

來金石刻一千五百餘種

五代史傳曰羅紹威好學工書頗知屬文聚書數萬卷開館以延四方之士又曰楊彥詢少事青州王師範好學聚書萬卷使彥詢掌之

歐陽修六一居士傳曰吾家藏書一萬卷集錄三代以來金石遺文一千卷

韓維曾子固神道碑曰公平生無所嗜惟藏書至二萬卷皆手讐定

宋史傳曰沈立初在蜀悉以公粟售書積卷數萬祖宗間所藏立上其目　又曰宋敏求家藏書三萬卷皆成誦熟習　又曰郭延緝致仕居濠州城南有小閣以自娛其詠牡丹詩千餘首聚圖書萬餘卷手自刋校　又曰胡仲堯構學舍於華林山別墅聚書數萬卷設廚廩以延四方遊學之士

葉氏過庭錄曰公卿名藏書家如宋宣憲李邯鄲四方士民如亳州祁氏饒州吳氏荊州田氏等多至四萬許卷惟宋宣憲家擇之甚精

王氏揮麈錄曰南渡後惟葉少蘊收書逾十萬卷置之雲川弁山山居建樓以貯之

遼史曰義宗名倍市書至萬卷藏於醫巫閭絕頂之望海台

元史傳曰周恕家無儋石之儲而聚書數萬卷扁所居曰渠菴　又曰申屠致遠聚書萬卷名曰墨莊　又曰段直爲澤州長大修孔子廟割田千畝置書萬卷　又曰和尙子于奴退居濮上築先聖宴居祠堂於歷山之下聚書萬卷　又曰張思明穎悟絕人讀書日記千言收書三萬七千餘卷　又曰何中少穎拔以古學自任家有藏書萬卷手自讐校

明詩記事曰何良俊字元朗華亭人官南翰林孔目每喟然歎曰吾有清森閣在東海上藏書四萬卷棄此不居而僕僕牛馬不亦愚而可笑乎　又曰南園俞氏笠澤虞氏廬山陳氏書籍金石之富甲於海內吳岫方山非通人也聚書至萬卷

明鐵笛道人自傳曰會稽有鐵崖山其高百丈上有綠萼梅數百樹層樓出梅花外積書數萬卷

竇諫議爲人素長厚性尤儉素器無金玉之飾家無衣帛之妾嘗於宅南建一書院聚書數千卷崇禮文學延置師席凡四方孤寒之士貧無供須者咸爲出之有志於學者聽其目至　張華家無餘財惟有文史溢於几篋常徙居載書三十乘祕書監摯虞撰定官書皆資華本以取正焉天下奇祕世所罕有者悉在華所　李公擇少讀書於五老峰下白石菴僧舍藏九千餘

卷以遺來者公擇既去山中之人思之指其所居爲李氏山房　方漸知梅州所至以書自隨積至數千卷皆手自竄定就寢不解衣衾林朝光質之答曰解衣擁衾會有所檢討則懷安就寢矣增四壁爲閣以藏其書牓曰富文　孫蔚家世好書有書七千餘卷遠近來讀者恆有百餘人蔚爲辦衣食　陸務觀作書巢以自處飲食起居疾病吟呻未嘗不與書俱每至欲起書圍繞左右如積槁枝至不得行時引客觀之客不能入既入不能出相與大笑遂名曰書巢梁金樓子聚書四十年得書八萬卷河間之侔於漢室頗謂過之　宋丁顗盡其家貲置書十萬餘卷且曰吾聚書多矣必有好學者爲吾子孫　向朗年八歲卽手自校書刊定謬誤潛心典籍積聚篇卷冠於一時　孟景翌字轉明刻勵嗜學行輙載書隨所坐之處不過容膝四面卷軸盈滿時人謂之書窟（以上見祁承㸁澹生堂藏書約聚書訓）

書厄論九之二

隋書經籍志序向卒後哀帝使其子歆嗣父之業乃徙温室中書於天祿閣上歆遂總括羣編撮其指要著爲七略大凡三萬三千九十卷王莽之末又被焚燒　文獻通考董卓移都之際吏民擾亂自辟雍東觀蘭臺石室宣明鴻都諸藏典册文章競共剖散其縑帛圖書大則連爲

帷蓋小乃制爲幐囊及王允所收而西者裁七十餘乘道路艱遠復棄其半矣後長安之亂一時焚蕩莫不泯盡焉　牛弘論書之厄有五牛弘傳曰弘開皇初遷授散騎常侍祕書監弘以典籍遺逸上表請開獻書之路曰經籍所興由來尚矣爻畫肇於庖羲文字生於蒼頡聖人所以弘宣教導博通古今揚於王庭肆於時夏故堯稱至聖猶考古道而言舜其大知尚觀古人之象周官外史掌三皇五帝之書及四方之志武王問皇帝顓頊之道太公曰在丹書是知握符御曆有國有家者曷嘗不以詩書爲教因禮樂而成功也昔周德既衰舊經紊棄孔子以大聖之才開素王之業憲章祖述制禮刊詩正五始而修春秋闡十翼而弘易道治國立身作範垂法及秦皇馭寓吞滅諸侯任用威力事不師古始下焚書之令行偶語之刑先王墳籍掃地皆盡本既先亡從而顚覆臣以圖讖言之經典盛衰信有徵數此則書之一厄也漢興改秦之弊敦尚儒術建藏書之筴置校書之官屋壁山巖往往間出外有太常太史之藏內有延閣祕書之府至孝成之世亡逸尚多遣謁者陳農求遺書於天下詔劉向父子校讎篇籍漢之典文於斯爲盛及王莽之末長安起兵宮室圖書并從焚燼此則書之二厄也光武嗣興尤重經誥未及下車先求文雅於是鴻生巨儒繼踵而集懷經負帙不遠斯至肅宗親講肄和帝數幸書

林其蘭臺石室鴻都東觀祕牒塡委更倍於前及孝獻移都吏民擾亂圖書縑帛皆取爲帷囊所收而西纔七十餘乘屬西京大亂一時燔蕩此則書之三厄也魏文代漢更集經典皆藏在祕書內外三閣遣祕書郎鄭默刪定舊文時之論者美其朱紫有別晉氏承之文籍尤廣晉祕書監荀勗定魏內經更著新簿雖古文舊簡猶云有缺新章後錄鳩集已多足得恢弘正道訓範當世屬劉石憑陵京華覆滅朝章國典從而失墜此則書之四厄也永嘉之後寇竊競興因河據洛跨秦帶趙論其建國立家雖傳名號憲章禮樂寂滅無聞劉裕平姚收其圖籍五經子史纔四千卷皆赤軸青紙文字古拙僭僞之盛莫過二秦以此而論足以明矣故知衣冠軌物圖畫記注播遷之餘皆歸江左晉宋之際學藝爲多齊梁之間經史彌盛宋祕書丞王儉依劉氏七略撰爲七志梁人阮孝緒亦爲七錄總其書數三萬餘卷及侯景渡江破滅梁室祕省經籍雖從兵火其文德殿內書史宛然猶存蕭繹據有江陵遣將破平侯景收文德之書及公私典籍重本七萬餘卷悉送荊州故江表圖書因斯盡萃於繹矣及周師入郢繹悉焚之於外城所收十纔一二此則書之五厄也後魏爰自幽方遷宅伊洛日不暇給經籍闕如周氏創基關右戎車未息保定之始書止八千後加收集方盈萬卷高氏據有山東初亦採訪驗其本目殘

缺猶多及東夏初平獲其經史四部重雜三萬餘卷所益舊書五千而已今御書單本合一萬五千餘卷部帙之間仍有殘缺比梁之舊目止有其半至於陰陽河洛之篇醫方圖譜之說彌復爲少臣以經書自仲尼已後迄於當今年踰千載數遭五厄興集之期屬膺聖世伏惟陛下受天明命君臨區宇功無與二德冠往初自華夏分離彝倫攸斁其間雖霸王遞起而世難未夷欲崇儒業時或未可今土宇邁於三王民黎盛於兩漢有人有時正在今日方當大弘文教納俗升平而天下圖書尚有遺逸非所以仰協聖清流訓無窮者也臣史籍是司寢興懷懼昔陸賈奏漢祖云天下不可馬上治之故知經邦立政在於典謨矣爲國之本莫此攸先今祕藏見書亦足披覽但一時載籍須令大備不可王府所無私家乃有然士民殷雜求訪難知縱有知者多懷恡惜必須勒之以天威引之以微利若猥發明詔兼開購賞則異典必臻觀閣斯積重道之風超於前世不亦善乎　唐書藝文志初隋嘉則殿書三十七萬卷至武德初年有書八萬卷武德四年置修文館於門下省掌詳正圖籍又置祕書省少監五月得隋書八千餘卷舟覆亡其書

于志寧傳曾孫休烈肅宗立擢給事中遷太常少卿兼修國史於時經大盜後史籍燔缺休烈

奏國史開元實錄起居注及餘書三千八百餘篇藏興慶宮兵興焚煬皆盡
宋史藝文志眞宗時命三館寫四部書二本置禁中之龍圖閣及後苑之大淸樓而玉宸殿四
門殿亦各有書萬餘卷又以祕閣地隘分內藏西庫以廣之其右文之意亦云至矣已而工宮
火延及崇文祕閣書多煨燼其僅存者遷於右掖門外謂之崇文外院命重寫書籍選官詳覆
校勘常以參知政事一人領之又曰靖康之難宣和館閣之儲蕩然靡遺高宗移蹕臨安乃建
祕書省於國史院之右搜訪遺闕屢優獻書之賞於是四方之藏稍稍復出而館閣編緝日益
以富矣當時類次書目得四萬四千四百八十六卷
春明夢餘錄文淵閣係中祕藏書之所嘉靖中文淵閣災書移通集庫及皇史宬 注宣和殿
太淸樓龍圖閣所儲靖康蕩析之餘盡歸於燕則知燕之書蓋合宋元金三朝所蓄而爲一代
之書計數百萬卷縹緗之侈造物所忌也
唐書藝文志自漢以來史官列其名氏篇第以爲六藝九種七略至唐始分爲四類曰經史子
集而藏書之盛莫盛於開元其著錄者五萬三千九百一十五卷而唐之學者自爲之書者又
二萬八千四百六十九卷嗚呼可謂盛矣六經之道簡嚴易直而天人備故其愈久而益明其

餘作者衆矣質之聖人或離或合然其精深閎博各盡其術而怪奇偉麗往往震發於其間此所以使好奇博愛者不能忘也然凋零磨滅亦不可勝數豈其華文少實不足以行遠歟而俚言俗說猥有存者亦其有幸不幸者歟今著於篇有其名而亡其書者十蓋五六也可不惜哉初隋嘉則殿書三十七萬卷至武德初有書八萬卷重複相糅王世充平得隋舊書八千餘卷太府卿宋遵貴監運東都浮舟泝河西致京師經砥柱舟覆盡亡其書貞觀中魏徵虞世南顏師古繼爲祕書監請購天下書選五品以上子孫工書者爲書手繕寫藏於內庫以宮人掌之元宗命左散騎常侍昭文館學士馬懷素爲修圖書使與右散騎常侍崇文館學士褚無量整比會幸東都乃就乾元殿東序檢校无量建議御書以宰相宋璟蘇頲同署如貞觀故事又借民間異本傳錄及還京師遷書東宮麗正殿置修書院於著作院其後大明宮光順門外東都明福門外皆創集賢書院學士通籍出入既而太府月給蜀郡麻紙五千番季給上谷墨三百三十六丸歲給河間景城清河博平四郡兎千五百皮爲筆材兩都各聚書四部以甲乙丙丁爲次列經史子集四庫其本有正有副軸帶帙籤皆異色以別之安樂山之亂尺簡不藏元載爲宰相奏以千錢購書一卷又命拾遺苗發等使江淮搜訪至文宗時鄭覃侍講進言經籍未

備因詔祕閣搜採於是四庫之書復分藏於十二庫黃巢之亂存者蓋尠昭宗播遷京城制置使孫惟晟斂書本軍寓教坊於祕閣有詔還其書命監察御史違昌範等諸道求購及徙洛陽蕩然無遺矣

清編四庫全書燒燬之書凡一萬三千八百六十二部帝猶以爲未足至乾隆五十七年尙嚴諭遵行中有云江蘇浙江江西等省素稱文人淵藪民間書籍繁多所以不能禁絕者皆由督撫等視爲等閒嗚呼帝既搜集古今之遺籍而又嚴申文學之禁下燔書之令俾天下學者爲之束筆此秦皇李斯之所以流毒萬世貽譏千古而帝悍然爲之而不顧吾不知其所爲奬勵文學者果何如哉陳懷清史要略

祁承㸁藏書約序曰十餘年來館穀之所得饘粥之所餘無不歸之書者合之先世頗踰萬卷藏載羽堂中丁酉冬夕小奴不戒於火先世所遺及半生所購無片楮存者因歎造物善幻故欲鍛鍊人性情乃爾

其餘水火蠹魚之害兵戈盜劫之災紀不勝紀是因災禍之來不可避免而歷代藏書之不得其法亦無可辭其咎焉

求書論九之三

鄭樵論求書之道有八一曰卽類以求二曰旁類以求三曰因地以求四曰因家以求五曰求之公六曰求之私七曰因人以求八曰因代以求當不一於所求也凡星曆之書求之靈臺樂律之書求之太常樂工靈臺所無然後訪民間之知星曆者太常所無然後訪民間之知音律者眼目之方多亡眼科家或有之疸瘍之方多亡外醫家或有之紫堂之書多亡世有傳紫堂之學者九曜之書多亡世有傳九星之學者列仙傳之類道藏可求此之謂卽類以求

凡性命道德之書可以求之道家小學文字之書可以求之釋氏如素履子元眞子尹子鬻子之類道家皆有如倉頡篇龍龕手鑑郭迻音訣圖字母之類釋氏皆有周易之書多藏於卜筮家洪範之書多藏於五行家且如邢璹周易略例正義今道藏有之京房周易飛伏例卜筮家有之此之謂旁類以求

孟少主實錄蜀中必有王審知傳閩中必有零陵先賢傳零陵必有桂陽先賢贊桂陽必有京口記者潤州記也東陽記者婺州記也茅山記必見於茅山觀神光聖迹必見於神光寺如此之類可因地以求

錢氏慶系圖可求於忠懿王之家章氏家譜可求於申公之後黃君俞尙書關言雖亡君俞之家在興化王棐春秋講義雖亡棐之家在臨漳徐寅文賦今莆田有之以其家在莆田潘佑文集今長樂有之以其後居長樂如此之類可因家以求

禮儀之書祠祀之書斷獄之書官制之書版圖之書今官府有不經兵火處其書必有存者此之謂求之公

書不存於祕府而出於民間者甚多如漳州吳氏其家甚微其官甚卑然一生文字間至老不休故所得之書多蓬山所無者兼藏書之家例有兩目錄所以示人者未嘗載異書若非與人盡誠盡禮彼肯出其所祕乎此謂求之私

鄉人李氏曾守和州其家或有沈氏之書前年所進褚芳回淸愼帖蒙賜百匹兩此則沈家舊物也鄉人陳氏嘗爲湖北監司其家或有田氏之書臣嘗見其有荆州田氏目錄若迹其官守知所由來容或有爲此謂因人以求

胡旦作演聖通論余靖作三史刋誤此等書卷帙雖多然流行於一時實近代之所作書之難求者爲其久遠而不可迹也若出近代人之手何不可求之有此謂因代以求

章學誠曰求書之要鄭樵所謂其道有八無遺議矣治書之法則鄭樵所未及議也古者同文稱治漢制吏民上書字或不正輒舉劾蔡邕正定石經以謂四方之民至有賄改蘭臺漆書以合私家文字者是當時郡國傳習容有與中書不合者矣然此特就小學字體言之也若紀載傳聞詩書雜誌眞訛糾錯疑似兩淆又書肆說鈴識大識小歌謠風俗或正或偏其或山林枯槁專門名家薄技偏長稗官脞說其隱顯出沒大抵非一時徵求所能彙集亦非一時討論所能精詳凡若此者並當於平日責成州縣學校師儒講習考求是正著爲錄籍略如人戶之有版圖載筆之士果能發明道要自致不朽願託於官者聽之如是則書掌於官不致散逸其便一也事有稽檢則奇袤不衷之說淫詖邪蕩之詞無由伏匿以干禁例其便二也求書之時按籍而稽無勞搜訪其便三也中書不足稽之外府外書訛誤正以中書交互爲功同文稱盛其便四也此爲治書之要當議於求書之前者也

祁承㸁藏書訓略曰夫購書無他術眼界欲寬精神欲注而心思欲巧蓋今世所習爲文人守一經從博士弟子業者也如古之著書立言不求聞達者千百中不一二見焉習俗溺人爲毒滋甚每見子弟於四股八比之外略有旁覽便恐妨正業視爲怪物卽子弟稍竊窺目前書一

二種便自命博雅沾沾自喜不知宇宙大矣古今載籍如劉氏七略王儉七志阮孝緒七錄俱在人耳目者無論已其最盛莫如隋大業中柳晉等校定總目三十七萬卷而正本進御亦三萬七千餘卷嗣後則唐開元中總目五萬六千四百七十六卷而釋道二家不與及唐人自著者不全入以視大業不啻倍之此亦四部中天之際乎然猶曰帝皇之籍非士庶所能望見也乃唐吳兢家藏書一萬三千四百六十八卷此鏤板未行之前已戛戛乎難爲力矣若荆南之田氏藏書三萬卷昭德晁氏舊藏二萬四千八百卷邯鄲李獻臣所藏圖籍五十六類一千八百三十六部二萬三千三百八十六卷而藝術道書及書畫之目不存焉莆田鄭子敬家所藏書仍用七錄而卷帙不減於李濡須秦氏且以奏請於朝宅舍文籍令子孫不得分析蓋崇重極矣然猶曰前代之遺事云耳若勝國兵火之後宋文憲公請書靑蘿山中便已聚書萬卷如雲間陸文裕公婁江王大司馬吳門劉子威此其家藏書皆不下數萬卷更聞楊儀部君謙性最嗜書家本素封以購書故晚歲赤貧所藏書十餘萬卷纂其異聞爲奚囊手鏡若金陵之焦太史弱侯藏書兩樓五楹俱滿余所目睹而一一皆經校讐探討尤人所難婺州胡元瑞以一孝廉集書至四萬二千三百八十四卷此皆近日士紳家事也安可以鬚眉男子竟同三家

中華書局印行

村擔板漢乎余故略一拈出令汝輩知曠然宇宙自有大觀所謂眼界欲寬者此也若曰六經皆注脚何必乃爾余與汝輩未至此位地不得作欺人語

夫所謂精神欲注者正以人非大豪傑安能澹無嗜好儻嗜好一著於博飲狹邪馳馬試劍傷生敗業固不必言卽染翰臨池鼎彝金石非不稱清事然右軍竟以書槩其品而閻立本且悔恨流汗戒子孫勿復工繪事至於玩古之癖令人憔悴欲死又不足言矣惟移此種種嗜好注於嗜書余亦不遽望爾輩以冥心窮討苦志編摩惟姑以此書日置几席間視同玩器裝潢校讐朝斯夕斯隨心所喜閱其一端偶會此卷自不忍不竟一卷旣洽衆卷復然此書未了恨不能復及一書方讀其已見恨不能讀其所未見自然飲食寢處口所囁嚅目所營注無非是者如阮之屐嵇之鍛劉伶之飲非此不復知人生之樂也如此則物聚於所好奇書祕本多從精神注向者得之使爾輩爲向上之士自足成其博雅卽以庸人自安亦定不作白丁余每見市中賣藥翁晚年未有不談醫者而書肆老賈往往多哆口言文字蓋近朱近墨强作解事自是恆情而古今絕世之技專門之業未有不由偏嗜而致者故曰精神欲注者此也鄭漁仲論求書之道有八一卽類以求二旁類以求三因地以求四因家以求五求之公六求之私七因人

以求八因代以求可謂典籍中之經濟矣然自有書契以來名存而實亡者十居其九如丁寬孟喜之易尙書之牟長章句周防雜記韓嬰廑存詩外傳而亡其內傳董仲舒春秋繁露雖存而春秋決疑二百三十二事竟不可得夫經傳猶日星之麗天尙多湮沒況其他一人一家之私集乎若此之類卽國家祕府尙不能收人間亦安從得之縱欲因人因地以求無益也余於八求之外更有三說如書有著於三代而亡於漢者然漢人之引經多據之書有著於漢而亡於唐者然唐人之著述尙存之書有著於唐而亡於宋者然宋之纂集多存之每至檢閱凡正文之所引用注解之所證據有涉前代之書而今失其傳者卽另從其書各爲錄出如周易坤靈圖禹時鈎命訣春秋考異郵感精符之類則於太平御覽中間得之如會稽典錄張璠漢紀之類則於北堂書鈔間得之如晉簡文談疏甘澤謠會稽先賢傳渚宮故事之類則於太平廣記間得之諸如此類悉爲裒集又如漢唐以前殘文斷簡皆當收羅此不但吉光片毛自足珍重所謂舉馬之一體而馬未嘗不立於前也是亦一道也又如一書之中自宜分析如杜氏通典著於唐惟唐之故典可按耳乃後人取歐陽永叔呂伯恭輩議論附其後不幾淄澠乎如水經一書注乃侈於其經奇詭宏麗後人但知酈道元之有注而桑欽著經之名反隱矣又如世

說詞旨本自簡令已使人識晉人丰度於眉宇間若劉孝標之注援引精覈微言妙義更自燦然可與世說各爲一種以稱快書如此之類析而爲兩使竝存於宇宙之間是亦一道也若夫前代遺書見有鏤板或世家所祕省郡所藏卽同都共里尙難兼收況粵有刻而吳未必知蜀有本而越未能徧如此者更多也又安能使其無翼而飛不脛而走哉且購書於書未集之先易何也凡書皆可購也卽因地因人因家因代無不可者購書於書稍集之後難何也海內通行之書大都此數十百種耳儻一概求之或以千里郵至或以重值市歸乃開篋而已有在架矣有不意興索然者乎余謂古書之必不可求必非昭代所梓行者也若昭代之所梓行則必見序於昭代之筆其書卽不能卒得而其所序之文則往往載於各集者可按也今以某集有序某書若干首某書之序刻於何年序於何地采集諸公序刻之文而錄爲一目自知某書可從某地求也某書可向某氏索也置其所已備覓其所未有則異本日集重複無煩斯眞夜行之燭而探寶之珠也是又一道也卽此三端可以觸類總之一巧以用八求故曰心思欲巧者此也孫慶增曰購書籍是最難事亦最美事最韻事最樂事知有是書而無力購求一難也力足以求之矣而所好不在是二難也知好之而求之矣而必欲較其值之多寡大小焉遂至坐

失於一時不能復購於異日三難也不能搜之於書佣不能求之於舊家四難也但知近求不知遠購五難也不知鑒識眞僞檢點卷數辨論字紙貿貿購求每多缺軼終無善本六難也有此六難則雖有愛書之人而能藏書者鮮矣而我謂購之求之得一善本爲美事者何也夫天地間之有書籍也猶人身之有性靈也身無性靈則與禽獸何異天地無書籍則與草昧何異故書籍者天下之至寶也人心之善惡世道之得失莫不辨於是焉天下惟讀書之人而後能修身而後能治國也是書者又人身中之至寶也以天下之至寶而一旦得之以人身之至寶而我獨得之又不至埋沒於塵土之中拋棄於庸夫之室豈非人間一大美事乎且與二三知己與能識古本今本之書籍者并能道其源流者能辨原板翻板之不同者知某書之久不刷印某書之止有鈔本者或偕之閒訪於坊家密求於冷鋪於無心中得一最難得之書籍不惜典衣不顧重價必欲得之而後止其既得之也勝於拱璧即覓善工裝訂置之案頭手燒妙香口啣苦茶然後開卷讀之豈非人生世間一大韻事乎至於羅列已多收藏既富牙籤錦軸鱗比星羅不待外求而珍寶悉備以此爲樂勝於南面百城多矣（藏書記要第一則）

昔者印刷未精圖書有限故藏書者務求其精搜羅者務求其多以政府之全力個人之一生

所得者亦不過數十萬卷耳而今之圖書汗牛充棟則求書之法復有八焉一曰以經費之多少爲標準藏書之經費有限而出版之書無窮以有限之金錢購無窮之圖書是不可能也且旣有購書之費當有護書之費有司書之職薪有辦公之費用其間不可不妥爲分配然後定購書之多少不可一味求博也二曰以閱者之需要爲標準圖書者天下之公器也自當公諸同好然讀者之程度不齊各人之好愛異殊則購求之時必求以適應最多數人之一般程度與興趣爲標準未可一味妄求也三曰以專門之科目爲標準今之圖書種類千萬欲求包羅萬有勢不可能是則各館藏書重在專門一館有一館之特長對於某一專科力求其精博而其他科目應用足矣四曰以應用之範圍爲標準今之藏書重在致用其有用者求之其無用者去之圖書之搜藏在研究學問初非以版本之新舊爲去取也若此則影本與原本其價値無絲毫異也科學之書務求其新其舊者均可去之蓋舊者不適於用也五曰以藏書之地位爲標準藏書之府有國立者有省縣立者有學校公立者有個人私立者其地位不同藏書自異國立之館以全國之力搜藏自必宏富版本必求其精至若地方通俗之所則藏書在乎普及教育未可與國立者同日語也學校公立者在應學生之閱覽個人私立者則有個人之所

好故其地位不同則藏書之內容亦當異致也六曰以各科之分配爲標準經史各科其每科應占全數之若干不可不先事訂定以爲購求之標準若隨手購入則輕重失宜多少不均應有不有不應有而有是非藏書之道也七曰以他館之有無爲標準玆者圖書館日漸發達在同一地方者往往十數之多則各館之購置自當分工合作互相流通故除日用圖書爲各館所必備者外其餘自當妥爲配劃各館分擔庶在同一地點購書不致重複庶可以最少之金錢購最多之圖書以供最多人之閱覽八曰以銷燬之多少爲標準古人有言藏書而無有言燬書者有之必視爲大逆不忤然書猶物矣物敗必毀則書之無用者亦毀之可也蓋世出之書其能永留於世者雖多而過時則效用卽逝者亦復不少前曾言之矣有購書費必有護書之費且書籍日積月多藏書地位亦感困難以有用之金錢有用之地方有用之人才而藏無用之書籍是天下之至愚也故除經費宏厚館地寬大者外其餘各館當愼爲審查分別去取以無用之書銷燬交換或轉售之蓋我之無用者他人或有用也但國立或省立之館爲天下保存文獻則非但無用者亦須保存卽在查禁之例者亦未可銷燬也

右之八者古人所未及道者也至圖書之選擇閱書之指導護書之方法則條目繁夥玆不遑

論矣

流通論九之四

藏書而不流通猶藏石矣曹溶曰自宋以來書目十有餘種燦焉可觀按實求之其書十不存四五非盡久遠散佚也不善藏書護惜所有以獨得爲可矜以公諸世爲失策也故入常人手猶有傳觀之望一歸藏書家無不綈錦爲衣旃檀作室扃鑰以爲常有問焉則答無有舉世曾不得寓目雖使人致疑於散佚不足怪矣近世雕板盛行煙煤塞眼挾貲入賈肆可立致數萬卷於中求未見籍如采玉深厓旦夕莫覩當念人竭一生辛力辛苦成書大不易事渺渺千百歲崎嶇兵攘刼奪之餘僅而獲免可稱至幸而幸又遇賞音者知蓄之珍之謂當繡梓通行否亦廣諸好事何計不出此使單行之本寄篋笥爲命稍不致愼形蹤永絕祇以空名挂目錄中自非與古人深仇重怨不應若爾然其間有不當專罪吝惜者時賢解借書不解還書改一瓻爲一癡見之往記即不乏忠信自秉然諾不欺之流書既出門舟車道路搖搖莫定或僮僕狠藉或水火告災時出意料之外不借未可盡非特我不借人人亦決不借我封己守株縱累歲月無所增益收藏者何取焉（見流通古書約）按秋岳（溶字）之言特爲藏書家言矣未足以言今日之所

謂圖書流通也

昔周禮外史掌達書名于四方若以書使於四方則書其令按古書令猶今之字與敕也鄭鍔曰四方言語不同上世音讀與後世亦異將欲使天下誦讀之際無東西南北之訛無古語今語之異則書之名不可以不達達之于四方欲使之皆同也又曰書名既正道德乃一風俗乃同其有不同遣使以正之因書而使故曰以書使于四方也古者邦國之書皆錫於王其國已有此書惟達其名使天下知一人所重者在此其國未有此書若遣使以頒之必書其令使天下一人所錫者在此於是邦國無私書天下無私學此雖非專指圖書而言但流通之義古已明矣至漢靈帝立石經於太學實爲圖書公開與流通之始蔡邕傳曰邕拜郎中校書東觀遷議郎邕以經籍去聖久遠文學多謬俗儒穿鑿疑誤後學熹平四年乃與五官中郎將堂谿典光祿大夫楊賜諫議大夫馬日磾議郎張馴韓說太史令單颺等奏求正定六經文字帝許之邕乃自書册於碑使工鐫刻立於太學門外於是後儒晚學咸取正焉及碑始立其觀視及摹寫者車乘日千餘兩塡塞街陌洛陽記曰太學在洛城南開陽門外講堂長十丈堂前石經四部本碑凡四十六枚碑高一丈廣四尺駢羅相接

三國志本紀太和四年詔太傅三公以文帝典論刻石立於廟門之外神龜元年復詔校勘石經補其殘缺宋至和二年三月判國子監王洙言國子監刊立石經乞促近限畢工（見玉海）紹興十六年五月出御書春秋左傳皆就本省宣示館職作詩以進上又書論語孟子皆刊石立于太學首善閣及大成殿後三禮堂之廊廡（仝上）石經之刊立在乎正定經文以齊一天下之耳目其用心原不可問但公開與流通之意已存乎其間矣

古之藏書亦以公開流通爲美德昔竇諫議爲人素長厚性尤儉素器無金玉之飾家無衣帛之妾嘗於宅南建一書院聚書數千卷崇禮文學延置師席凡四方孤寒之士貧無供須者咸爲出之有志求學者聽其自至宋次道所畜書皆校讐三五徧世之藏書以次道家爲善本宋住春明坊昭陵時士大夫喜讀書僦居其側以便借置當時春明坊宅子僦值比他處常高一倍（以上見藏書約）五代史傳曰羅紹威好學工書頗知屬文聚書數萬卷開館延四方之士宋史傳曰胡仲堯構學舍於華林山別墅聚書數萬卷設廚廩以延四方遊學之士清開四庫亦有傳鈔之例乾隆四十一年六月初一日諭四庫所集多人間未見之書朕勤加採訪非徒廣金匱石室之藏將以嘉惠藝林啟牖後學公天下之好也惟是鐫刻流傳僅什之一而鈔錄儲藏者外

間仍無由窺覩豈朕右文本意乎翰林原許讀中祕書卽大臣官員中有嗜古勤學者幷許告之所司赴閣觀覽第不得攜取出外致有損失其如何酌定章程幷著具奏又五十五年六月初一日諭曰該省士子有願讀中祕書者許其呈明到閣鈔閱但不得任其私自攜歸以致稍有遺失至文淵閣等禁地森嚴士子等固不便進內鈔閱但翰林院現有存貯底本如有情殷誦習者亦許其就近鈔錄掌院不得勒阻留難如此廣爲傳播俾茹古者得睹生平未見之書互爲鈔錄傳之日久使石渠天祿之藏無不家絃戶誦益昭右文稽古加惠士子盛事不亦善乎

古者印刷未精刊布爲難家有藏書恆爲累世所積如祁承㸁曰要以爾輩目擊你翁一生精力耽耽簡編肘敝目昏慮衡心困艱險不避譏訶不辭節縮饔飧變易寒暑時復典衣銷帶猶所不顧則爾輩又安忍不竭力以守哉至竭力以守而有非爾輩之所能守者夫固有數存乎間矣今與爾輩約及吾之身則月益之及爾輩之身則歲益之子孫能讀者則以一人盡居之不能讀者則以衆人遞守之入架者不復出蠹嚙者必速補子孫取讀者就堂檢閱閱竟卽入架不得入私室親友借觀者有副本則以應無副本則以辭正本不得出密園外書目視所益

多寡大較近以五年遠以十年一編次勿分析勿覆瓿勿歸商賈手如此而已（見澹生堂藏書約）古書尠少搜聚維艱其保藏勿借原爲不得已之苦衷但自印刷發明傳流益廣搜書之難已非昔比其古版善本自可分別保存以崇文獻而通行刋本卽當廣爲流通而惠士林古無圖書館之設故藏書之家視爲珍祕居今之世猶不能以書籍公諸於世者其吝惜亦可笑矣夫借出之書其散失爲不可避免之事但吾人亦未可因噎廢食其法在乎出納手續之愼密章程限制之完備初不必因有所散失而摒拒不借也蓋吾人讀書未能一日一時而盡之卽能開放而不能借出於學者容有未便故現代之圖書館無不以借書爲原則借書手續不妨嚴密但書籍不可不借此現代圖書館與藏書樓之目的背道而馳是故辦理藏書樓與辦理圖書館之方法不可同日語也

抑尤有進者學無止境吾人終身爲學不過滄海一勺而學校敎育又諸多限制至半途失學或已卒業者不得不賴圖書館以繼續其學問然後可以博考旁通與日俱進故圖書館之職責非獨保存文獻且須以其所藏供諸好學貢有指導社會提高敎育程度之重責豈徒以保守爲能事哉故古之藏書株守封固原不足怪而今之辦圖書館者泥古不化乃足怪矣

歷代藏書之少論九之五

昔孔子欲藏書周室子路以謂周室之守藏史老聃可以與謀說雖出於莊子然藏書之法古有之矣太史公抽石室金匱之書成百三十篇則謂藏之名山副在京師然則書之有藏自古已然不特佛老二家有所謂道藏佛藏已也自來藏書代有專使以國家之力搜羅當富春明夢餘錄謂燕合遼金元藏書多至數百萬卷但正史不載隋嘉則殿藏書三十七萬卷號稱至富但除其復重猥雜得三萬七千餘卷耳此外漢劉歆七略三萬三千九十卷漢班固藝文志一萬三千二百六十九卷晉荀勗新簿二萬九千九百四十五卷宋謝靈運四部目錄六萬四千五百八十二卷宋王儉目錄一萬五千七百四卷南齊王亮謝朏四部書目一萬八千一十卷梁任昉祖暅五部目錄二萬三千一百六卷梁元帝時有七萬餘卷後周武帝時有八千卷隋書經籍志分爲四部合六條爲一萬四千四百六十六部有八萬九千六百六十六卷唐開元時四庫書兩京各一本共一十二萬五千九百六十卷宋史藝文志大凡爲書九千八百十九部十一萬九千九百七十二部明永樂大典總二萬二千九百二十七卷至清之四庫號稱十六萬八千卷爲部三千餘爲冊一萬餘合薈要及禁內所藏爲數當不過三數萬冊卽以百

萬卷論亦不過十餘萬册而已不足以動稱浩如烟海也第我國印刷未精古書傳流至爲希罕積三數十萬卷尙非易易故在當時自見其多較之今日之圖籍實爲少矣按世界各國以一館藏書過三百萬册者已有英美法三國其過五十萬册者亦不勝枚舉今昔相較故曰歷代藏書之少

歷代藏書散佚甚多牛弘言書有五厄論之詳矣證諸史乘每代興替必動干戈每遭兵燹必多焚燬且國家藏書原是粉飾張皇之意其目的不在乎致用以其不重於用也故視爲不急之舉焚書坑儒又豈祇秦始皇一人而已哉既有藏書而官司不得其法守書之職未能久任樵曰求書之官不可不遣校書之任不可不專漢除挾書之律開獻書之路久矣至成帝時遣謁者陳農求遺書於天下遂有七略之藏隋開皇間奇章公請分遣使人搜訪異本後嘉則殿藏書三十七萬卷祿山之變尺簡無存乃命苗發等使江淮搜訪至文宗朝遂有十二庫之書唐之季年猶遣監察御史諸道搜求遺書知古人求書欲廣必遣官焉然後山林藪澤可以無遺司馬遷世爲史官劉向父子校讎天祿虞世南顏師古相繼爲祕書監令狐德棻三朝當修史之任孔穎達一生不離學校之官欲圖書之備文物之興則校讎之官豈可不久其任哉校讎

略求書遣使校書久任論又痛詆劉班收書而不收圖以爲圖譜之亡由於不爲專門著錄始也見通志序此司書之失職也至管理藏書之法前人論者亦鮮惟孫氏稍有言及曰收藏書籍不獨安置得法全要時常檢點開看乃爲妙也若安置雖妥棄置不管無不遺誤至於書櫃須用江西杉木或川柏銀杏木爲之紫檀花梨小木易於潮汎不可用做一封書式朴素精雅兼備爲妙請名手集唐句刻於櫃門上用白鐵包角裝訂不用花紋以雅爲主可分可并趁屋高下置於樓上四面窗櫺大樓門堅實鎖要緊密式要精工鎖上掛小方牌或牙或香將經史子集釋道字刻於正面字外用圓綫嵌紅色字嵌藍色傍刻某字號第某書櫃嵌綠色下刻小圖中反面寫宋刻元刻明刻舊鈔精鈔新鈔等名爲記古有石倉藏書最好可無火患而且堅久今亦鮮能惟造書樓藏書四圍石砌風牆照徽州庫樓式乃善不能如此須另置一宅將書分新舊鈔刻各置一室封鎖匙鑰歸經管每一書室一人經理小心火燭不致遺失亦可收藏若來往多門曠野之所或近城市又無空地接連內室廚灶衙署之地則不可藏書而卑溼之地不待言矣藏書斷不可用套常開看則不蛀櫃頂用皂角炒爲末研細鋪一層永無鼠耗恐有白蟻用炭屑石灰鍋鏽鋪地則無蟻櫃內置春畫辟蠹石可辟蠹魚供血經於中以辟火書放櫃中或架上俱

中華書局印行

不可并宜分開寸許放後亦不可放足書要透風則不蛀不霉書架宜雅而精朴素者佳下隔要高四柱略粗不可太狹亦不可太闊約放書二百本爲率安置書架勿於近窗并壁之處案頭之書三日一整方不錯亂收藏之法惟此爲善也（孫慶增藏書紀要第七則）然亦不甚了了蓋藏書之道於房屋之結構書架之製造氣候之調劑光綫之補充紙張之原料蟲蠹之預防無不具科學之方法昔人曹曾慮先文湮沒乃積石爲倉以藏書故曰曹氏書倉（見拾遺記）時人稱之其後范氏天一閣亦爲當朝所取然此不過可免火患他無所取而今之書庫其建築非獨可免水火且可避雷電地震室內有汽水管以調劑氣候有旋風扇以流通空氣書架則以鋼鐵製造非獨堅固耐用且可以免蠹魚便升降取書則用電機電梯以代步勞洒掃則用吸塵機以代人工曝書則用煖氣管以省搬遷用書之後必經消毒非特可以保存圖籍且可以延其壽命此則古人所夢想不及者也故我國藏書數千年實則對藏書一道猶未稱也

嘗考歷代藏書之少由於出版印刷之少以其少也故對於收藏編目之法其趨於簡陋也宜也今人猶欲以當日藏書編目之法而治今日之圖書館者則誠不識時務者矣

校讎新義卷九終

校讎新義卷十

南海杜定友撰

校讎第十

正名論十之一

子曰名不正則言不順言不順則事不成是故研求學術必也正名名位正而后條理別古今學術之淆亂中外名詞之抵觸無不因名物不副而轉滋訛會校讎之學代有淵源流義亦廣按風俗通義劉向別錄一人讀書校其上下得謬誤爲校一人持本一人讀書若寃家相對爲讎而鄭樵撰通志序曰册府之藏不患無書校讎之司未聞其法欲三館無素餐之人四庫無蠹魚之簡千章萬卷日見流通故作校讎略至章學誠撰校讎通義復譏樵論求書之法校書之業而未究求書以前文字如何治察校書以後圖籍如何法守故有原道一篇藏書一篇然則校讎之學兼及圖書學之全部矣能不雜乎

考校讎之義原爲校對之法梁任公謂清儒之有功於古學者更一端焉則校勘也古書傳習

愈希者其傳鈔踵刻僞謬愈甚馴至不可讀而其書已廢清儒則博徵善本以校讎之校勘遂成一專門學其成績可紀者若汪中畢沅之校大戴禮記周廷寀趙懷玉之校韓詩外傳盧文弨之校逸周書汪中畢沅孫詒讓之校墨子謝墉之校荀子孫星衍之校孫子吳子汪繼培任大椿秦恩復之校列子顧廣圻之校國語戰國策韓非子畢沅梁玉繩之校呂氏春秋嚴可均之校愼子商君書畢沅之校山海經洪頤孫之校竹書紀年穆天子傳丁謙之校穆天子傳戴震盧文弨之校春秋繁露汪中之校賈誼新書戴震之校算經十書戴震全祖望之校水經注顧廣圻之校華陽國志諸所校者或遵善本或據他書所徵引或以本文上下互證或是正其文字或釐定其句讀或疏證其義訓往往有前此不可索解之語句一旦昭若發矇其功尤著者則所校多屬先秦諸子因此引起研究諸子學之興味蓋自漢武罷黜百家以後直至清之中葉諸子學可謂全廢若荀若墨以得罪孟子之故幾莫敢齒及及考證學興引據惟古是尙學者始思及六經以外尙有如許可珍之籍故王念孫讀書雜志已推勘及於諸子其後俞樾亦著諸子平議與羣經平議並列而汪戴盧孫畢諸賢乃徧取古籍而校之夫校其文必尋其義尋其義則新理解出矣（見梁啟超清代學術概論）是則校讎之術實爲治學之法固與書目學目錄學無

所關係且書有書之校讎目有目之校讎版有版之校讎似未可以專成一學也故校讎不可以名家但自鄭章而後其義斯混茲編仍用舊名實則未爲可也

方法論十之二

校讎方法章氏論之最詳曰校書宜廣儲副本劉向校讎中祕有所謂中書有所謂外書有所謂太常書有所謂太史書有所謂臣向書臣某書夫中書與太常太史則官守之書不一本也外書與臣向臣某則家藏之書不一本也夫博求諸本乃得讎正一書則副本固將廣儲以待質也夫太常領博士今之國子監也太史掌圖籍今之翰林院也凡官書不特中祕之謂也又曰古者校讎書終身守官父子傳業故能討論精詳有功墳典而其校讎之法則心領神會無可傳也近代校書不立專官衆手爲之限以程課盡以部次蓋亦勢之不得已也校書者既非專門之官又非一人之力則校讎之法不可不立也竊以典籍浩繁聞見有限在博雅者且不能悉完無遺況其下乎以謂校讎之先宜盡取四庫之藏中外之籍擇其中之人名地名官階書目凡一切有名可治有數可稽者略倣佩文韻府之例悉編爲韻乃於本韻之下注明原書出處及先後篇第自一見再見以至數千百皆詳註之藏之館中以爲羣書之總類至校書之

時遇有疑似之處卽名而求其編韻因韻而檢其本書參互錯綜卽可得其至是此則淵博之儒窮畢生年力而不可究殫者今卽中才校勘可坐收於几席之間非校讎之良法歟又曰古人校讎於書有訛誤更定其文者必注原文於其下其兩說可通者亦兩存其說刪去篇次者亦必存其闕目所以備後人之採擇而未敢自以謂必是也班固幷省劉歆七略遂使著錄互見之法不傳於後世然亦幸而尙注併省之說於本文之下故今猶得從而考正也向使自用其例而不顧劉氏之原文今日雖欲復歆之舊法不可得矣（校讎通義七之二至四）

孫慶增論校讎曰校讎書籍非博學好古勤於看書而又安閒者不能動筆校讎書籍所以每見庸常之人校書一部往往弗克令終深可恨也惟勤學好問隱居君子才能爲之古人每校一書先須細心紬繹自始至終改正字謬誤校讎三四次乃爲盡善至於宋刻本校正字句雖少而改字不可遽改書上元板亦然須將改正字句寫在白紙條上薄漿浮簽貼本行上以其書之貴重也凡校正新書將校正過善本對臨可也儻古人有誤處有未改處亦當改正若明板坊本新鈔本錯誤遺漏最多須覓宋元板舊鈔本校正過底本或收藏家祕本細細讎勘反復校過連行款俱要照式改正方爲善本若古人有弗可考究無從改正者今人亦當多方請

敎博學君子善於講究古帖之士又須尋覓舊碑版文字訪求藏書家祕本自能改正然而校書非數名士相好聚於名園讀書處講究討論尋繹舊文方可有成否則終有不到之處所以書籍不論鈔刻好歹凡有校過之書皆爲至寶至於字畫之誤必要請敎明於字學聲韻者辨別字畫音釋方能無誤古用雌黃校書因古時皆用黃紙寫裝成卷軸故名黃卷其色相同塗抹無痕迹也後人俱用白紙鈔刻又當用白色塗抹今之改字用淡色靑田石磨細和膠做成錠子磨塗紙上改字最妙用鉛粉終要變黑最不可用若大部書籍延請多人分校呈於總裁計日乃成若校正刋刻非博雅君子有力而好古者不能也書籍上板必要名手校正方可刋刻不然枉費刻資草率刻成不但遺誤後人反爲有識者所笑惜乎古今收藏書籍之人不校者多校者甚少惟葉石君所藏書籍皆手筆校正臨宋本印宋鈔俱借善本改正博古好學稱爲第一葉氏之書至今爲寶好古同嗜者賞識焉藏書紀要第四則

出入論十之三

校讐出入論者多矣焦竑糾謬而外鄭章二氏亦多所論列茲略錄數則如左以待考證

隋志諡法見經解又見儀注四庫亦入禮類

唐志玉璽國寶見儀注又見傳記

四庫命書類與五行卜筮類相含混

遁甲見兵書又見五行又見壬課又見四庫命書

月令乃禮家之一四庫見禮見兵見農見月鑑

太元經以諱故崇文改爲太眞今四庫分太元太眞爲兩家

貨泉寶農家唐志見農見小說

歷算本二家唐志混而爲一

南北史唐志入集史是崇文入雜史非

吳記唐志入編年是崇文入正史非

外丹煆法爲道又見於醫術

歲時廣記不入歲時而入類書不知類書之義

諫疏時正論與君臣之事隋唐志入雜家今入儒家

班志續入揚雄樵謂不當

蕭何律令張蒼章程劉班不收不知律令藏於理官章程存於掌故
劉班申韓家言次於諸子仲舒治獄附於春秋
封禪羣祀入禮經太史公書入春秋後世別立儀注正史爲較知本
陰陽蓍龜雜占當附易歷譜當附春秋五行當附尙書
天文宣夜周髀渾天泰一五殘星變地理山海經此以二類專門部勒自有經緯而尹咸概收
術數
山川陰陽關塞邊防與兵書形勢相出入
陰陽虛旺宅墓休咎與尙書五行相出入
章程本當別立政治一門漢無其門類
高祖傳十三篇考文傳十一篇皆屬故事之書而劉班次於諸子儒家
班志儒家混入太元法言樂箴太元當歸易類法言當歸諸子樂箴本是二書樵誤爲一樵謂
樂箴當歸什家實不識其爲何物按樂未詳箴則官箴也
司馬法入禮經太公兵法入道家按司馬法敍稱軍禮樵去之太公無兵法樵增之蓋古今本

不同也

樵以世本戰國策秦大臣奏事漢著記爲春秋爲非不知漢無史部四書實春秋之體也

秦大臣奏事與漢高祖傳孝文傳諸書同入部次蓋君上詔誥與臣下章奏皆尚書訓誥之遺

後世以之攙入集部非也

焦竑以漢志周書入尚書爲非改入雜史所以尊經也

奏議漢入尚書改入集部

戰國策入春秋改入縱横家

五經雜議入孝經改入經解

爾雅小爾雅入孝經改入小學

弟子職入孝經改入管子

晏子入儒家改入墨家

高祖孝文二傳入儒家改入制詔

管子入道家改入法家

尉僚子入雜家改入兵家

山海經入形法家改入地理

陰陽五行著龜雜占形法凡五書總入五行

易部古五子當互見於術數略之陰陽類災異孟氏京房當互見於術數略之雜占或五行類

書部許高二家如有五行傳當互見於五行

詩部韓嬰詩外傳其文雜記春秋時事當互見於春秋類

禮部中庸說當互見諸子略之儒家

樂部雅樂歌詩四篇當互見於詩部及詩賦略之雜歌詩

春秋部之董仲舒治獄當互見於法家

古今字當依史籀倉頡爲篇不當與爾雅爲類

周史六弢六篇兵家書也漢志列於儒家

儒家部有周政周法當附於禮經之下

虞氏春秋入儒家當附著春秋而互見於諸子

賈誼五十八篇當與法家互見

桓寬鹽鐵論當互見於故事而漢志無故事之專門亦可附於尙書之後

世說新序說苑列女傳頌圖當互見於春秋故事傳記諸門

諸子陰陽二十一家與兵書陰陽十六家敍例不明

陰陽家公檮生終始十四篇在鄒子終始五十六篇之前而班志注云公檮傳鄒奭終始書豈可使創書之人居傳書之人乎

五曹官制五篇似當附入於官禮

于長天下忠臣九篇入陰陽家當改入傳記

法家申子當入名家

名家當在法家之前而今列於後蓋名家論其理而法家詳於事也

隨巢子胡非子我子者墨子之徒不應敍在墨子之前

蒯子自序八十一首而著錄僅稱五篇不爲註語以別白之

呂氏春秋亦春秋家言而兼存典章者也當互見於春秋尙書而猥次於雜家亦錯誤也

淮南內二十一篇本名爲鴻烈解而止稱淮南不知爲地名與人名

成相雜辭隋書次於雜賦之後未爲得也

孫武孫臏書列權謀之家而孫武有圖九卷孫臏有圖四卷斷非權謀所用者

兵形勢家之尉僚與雜家之尉僚子同名陰陽家之孟子與儒家之孟子同名師曠八篇與小說家之師曠同名力牧十五篇與道家之力牧同名兵技巧家之伍子胥與雜家之伍子胥同名而實異也

兵書之公孫鞅與法家之商君名異而實同也

右校讎出入多至不勝枚舉論其得失皆由於向之目錄學者不辨類例目錄書目校讎之義於是衆說紛紜而甲是乙非顧此失彼莫能折衷於一是可惜耳新義之篇原欲條其流別使閱者可以沿涂以進然後學有專門則我國目錄之學庶有繼起而光大之者乎

校讐新義卷十終

中華語文叢書

校讎新義

1912

作　　者／杜定友 撰
主　　編／劉郁君
美術編輯／鍾　玟

出 版 者／中華書局
發 行 人／張敏君
副總經理／陳又齊
行銷經理／王新君
地　　址／11494 台北市內湖區舊宗路二段181巷8號5樓
客服專線／02-8797-8396　　傳　真／02-8797-8909
網　　址／www.chunghwabook.com.tw
匯款帳號／華南商業銀行　西湖分行
179-10-002693-1　中華書局股份有限公司

法律顧問／安侯法律事務所
製版印刷／維中科技有限公司　海瑞印刷品有限公司
出版日期／2019年5月台二版
版本備註／據1969年1月台一版復刻重製
定　　價／NTD 350

國家圖書館出版品預行編目（CIP）資料

校讎新義 / 杜定友撰. — 台二版.— 臺北市 :
中華書局, 2019.05
面 ;　公分. --（中華語文叢書）
ISBN 978-957-8595-72-9(平裝)

1.校勘學

011.8　　108004140

NO.H2075
ISBN 978 957 8595 72 9（平裝）